Jo Ellen Moore

Geschichten schreiben - Schritt für Schritt

5.–7. Klasse

Persen Verlag GmbH

Gedruckt auf umweltbewusst gefertigtem, chlorfrei gebleichtem
und alterungsbeständigem Papier.

2. Auflage 2008
Nach den seit 2006 amtlich gültigen Regelungen der Rechtschreibung

How to Write a Story, Grades 4–6

This edition is published by arrangement with Evan-Moor Corporation, USA

Illustrationen: Don Robison
Übersetzung: Claudia Huber
Satz: Satzpunkt Ewert GmbH, Bayreuth

ISBN 978-3-8344-3796-9

www.persen.de

Inhalt

Teil I

Teil II

Teil III

Teil IV

Teil V

Teil VI

Teil VII

Teil 1

Schreiben als Prozess

Vor dem Schreiben

Lesen Sie Ihren Schülern viele Geschichten vor. Achten Sie dabei darauf, dass Sie Geschichten unterschiedlicher Länge und Komplexität sowie verschiedene Geschichtenarten wählen. Das vermittelt den Schülern eine solide Grundlage, auf der sie aufbauen können, wenn sie ihre eigenen Geschichten schreiben.

Arbeiten Sie die verschiedenen Teile einer Geschichte heraus. Helfen Sie Ihren Schülern, die Figuren, den Schauplatz des Geschehens, die Haupthandlung und den Schluss einer Geschichte herauszufinden. Beginnen Sie mit einfachen Kurzgeschichten und gehen Sie dann mit zunehmender Erfahrung der Schüler zu komplexeren über. Behalten Sie bei der Auswahl der Geschichten die Kenntnisse und Fertigkeiten der Schüler im Auge. Für die eine Klasse mögen komplexe Geschichten das Richtige sein, während andere vielleicht mit einfachen Kinderbüchern beginnen sollten. (Auf den Seiten 8–39 finden Sie Übungsaufgaben zur Analyse von Geschichten.)

Setzen Sie sich und Ihren Schülern Ziele. Vermitteln Sie diese Ziele klar und deutlich, damit die Schüler wissen, ob es sich bei einer bestimmten Schreibaufgabe um eine Übung handelt oder ob am Ende die Veröffentlichung einer Geschichte steht.

Die einzelnen Arbeitsschritte

Vorbereiten – Der Autor sammelt Ideen, Wörter, Formulierungen, Gedanken, Fakten und Fragen. Dieser Schritt baut auf den Erfahrungen des Schülers auf. Sammeln Sie mit Ihren Schülern Ideen für mögliche Themen und Formate. Diskutieren Sie, welche Zielgruppe angesprochen werden soll. Legen Sie die Erzählperspektive fest.

Entwerfen – Die Geschichte wird zum ersten Mal schriftlich festgehalten. Der Schreiber entwirft eine Gliederung und verfasst danach einen Rohentwurf.

Beurteilen – Der Autor liest die Geschichte noch einmal, um sicherzustellen, dass sie einen Sinn ergibt. Er kann seine Geschichte anderen zugänglich machen, um deren Urteil zu hören.

Überarbeiten – Der Autor überarbeitet seinen Rohentwurf, um seine Gedanken und Ideen deutlicher darzustellen. In dieser Phase geht es darum, nach präziseren und interessanteren Worten, Ausdrücken und Formulierungen zu suchen.

Berichtigen – Bei diesem Schritt überprüft der Schreiber eher technische Dinge wie Grammatik, Zeichensetzung und Rechtschreibung.

Neu schreiben – Der Autor schreibt seine Geschichte noch einmal neu und arbeitet dabei alle Änderungen aus den beiden vorhergehenden Phasen ein.

Veröffentlichen – Der Autor präsentiert seine fertige Geschichte in überarbeiteter und ausgestalteter Form. Er macht sie anderen zugänglich. Das ist ein Motivationsfaktor für die Schüler und gleichzeitig ein wichtiges Element im Schreibprozess.

Zur Beurteilung von Geschriebenem

Beobachten Sie die Fortschritte der Schüler während des Schreibens. Stehen Sie bereit, um die Schüler zu ermuntern und sie mit Ideen zu versorgen. Fordern Sie die Schüler dazu auf, ihre Geschichten anderen zu zeigen und sich gegenseitig Anregungen zu geben. Eine solche Schreibkonferenz kann auf verschiedenen Ebenen stattfinden:

Ganze Klasse – Ein Schüler liest dem Rest der Klasse vor. Die Klasse hört aufmerksam zu, lobt verschiedene Teile der Geschichte und fragt nach, wenn etwas unklar ist oder zu knapp dargestellt wird. Es ist dabei hilfreich, die Zahl der Anmerkungen und Fragen vorher festzulegen.

Kleine Gruppe – Analog zum Vorgehen beim Klassengespräch arbeiten die Schüler in kleinen Gruppen.

Partner – Zwei Autoren arbeiten zusammen. Sie lesen sich gegenseitig ihre Geschichten vor und nehmen dazu Stellung. Sie können den Prozess formalisieren, indem Sie die Schüler bitten, ein Formular auszufüllen, nachdem sie eine Geschichte gelesen oder gehört haben. Ein Beispiel finden Sie auf Seite 7. Entwerfen Sie selbst ein Formular, das sich auf die jeweiligen Anforderungen in Ihrer Klasse bezieht.

Bevor die Schüler paarweise oder in kleinen Gruppen arbeiten, sollte die Vorgehensweise an Beispielen gründlich durchgesprochen werden. Übernehmen Sie gegebenenfalls ein paar Wochen lang die Rolle des Beurteilenden. Machen Sie deutlich, auf welche Aspekte Sie abheben (Satzbau, Verwendung von Adjektiven, die Klarheit und Deutlichkeit der Darstellung, die Umsetzung der Ideen), sodass die Schüler merken, worauf sie alles achten müssen.

Seite 7

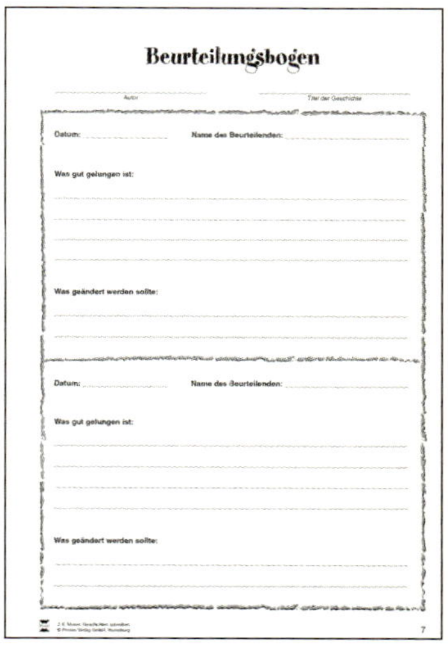
Beurteilungsbogen

Wichtige Hinweise für die Phase der fördernden Beurteilung

- Beurteilungen sollten höflich sein.
- Beurteilungen richten sich an den Autor.
- Beurteilungen sollen dem Autor helfen, besser zu schreiben.

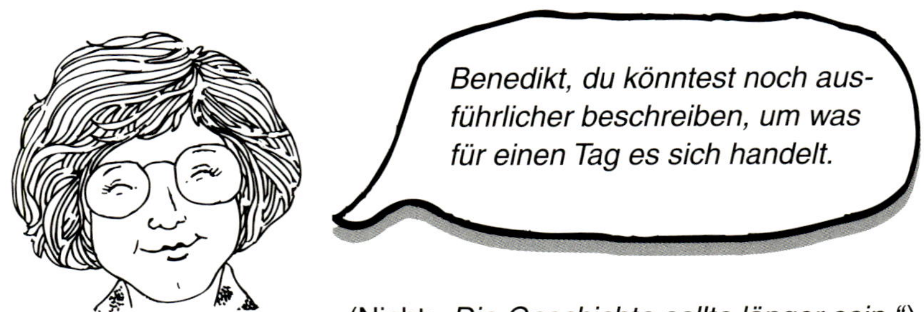

(Nicht: *„Die Geschichte sollte länger sein."*)

- Beurteilungen sollten präzise sein.

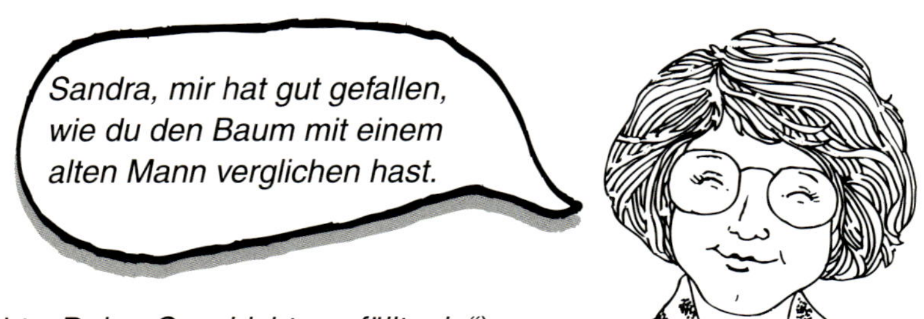

(Nicht: *„Deine Geschichte gefällt mir."*)

- Beurteilungen sollten einfühlsam sein.

(Nicht: *„Deine Geschichte ergibt keinen Sinn."*)

Beurteilungsbogen

______________________ Autor

______________________ Titel der Geschichte

Datum: ____________ **Name des Beurteilenden:** ____________

Was gut gelungen ist:

____

____

____

____

Was geändert werden sollte:

____

____

Datum: ____________ **Name des Beurteilenden:** ____________

Was gut gelungen ist:

____

____

____

____

Was geändert werden sollte:

____

____

Teil II

Die Teile einer Geschichte

Die Figuren

Das sind die Menschen, Tiere oder anderen Geschöpfe, von denen die Geschichte handelt. Die Hauptpersonen sind diejenigen, die in der Geschichte am wichtigsten sind. Oft gibt es noch Nebenfiguren, die eine geringere Rolle spielen. (Übungen zu diesem Thema finden Sie auf den Seiten 9–16.)

Wenn die Schüler die Figuren bestimmen, müssen sie sich über die Erzählperspektive klar werden.

Erste Person – die Hauptfigur erzählt die Geschichte und benutzt das Wort „ich".

Dritte Person – die Geschichte wird von einem Hauptbeobachter erzählt und verwendet „sie", „er" und „sie" (Plural), um die Handlungen, Gedanken und Gefühle der einzelnen Charaktere zu erzählen.

Der Schauplatz

Zum Schauplatz gehören Ort und Zeit der Handlung. Diese können sich im Laufe der Erzählung ändern. (Übungen zu diesem Thema siehe S. 17–24.)

Die Handlung

Dabei handelt es sich um Probleme, Ereignisse oder Aktionen, die die Figuren betreffen und eine Reaktion oder die Suche nach einer Lösung hervorrufen. (Übungen dazu finden Sie auf den Seiten 25–31.)

Der Schluss

Dieser Teil umfasst die Lösung des Problems oder das Fazit der Geschichte. (Übungen dazu siehe S. 32–38.)

Figuren

Wählen Sie eine oder mehrere der folgenden Übungen aus, um Ihre Schüler mit dem Begriff *Figuren* vertraut zu machen.

1. Lassen Sie die Schüler die Figuren einer Geschichte und die Formulierungen, mit denen sie charakterisiert werden, ermitteln. Wählen Sie bei längeren Lesestücken passende Abschnitte aus.

Lesen Sie den Schülern vor. Fragen Sie: „Wer ist/sind die Hauptfigur(en) in dieser Geschichte?“

Schreiben Sie den oder die Namen an die Tafel. Fragen Sie: „Wie hat der Autor die Figur XY beschrieben?“ Schreiben Sie die charakterisierenden Wörter und Ausdrücke neben den Namen.

Kopieren Sie das Formular auf Seite 10 für jeden Schüler. Die Schüler wählen selbst ein Buch aus, listen die Hauptpersonen auf und schreiben die Wörter und Ausdrücke dazu, mit denen die Figuren beschrieben werden.

2. Auf den Seiten 11 und 12 wählen die Schüler Formulierungen aus, die die auf den Bildern gezeigten Figuren beschreiben.

3. Auf den Seiten 13 und 14 sollen die Schüler zu einem der gezeigten Charaktere eine Beschreibung verfassen. Anschließend lesen sie ihren Text einem Partner vor, um zu sehen, ob der Zuhörer danach die gemeinte Person identifizieren kann.

4. Unter Verwendung des Arbeitsblattes auf Seite 15 zeichnen die Schüler eine Person und beschreiben diese. Sprechen Sie über Wörter, die das Aussehen und die Charakterzüge der Figur beschreiben (tapfer, faul, wagemutig etc.).

Wenn die Beschreibung fertig ist, falten die Schüler das Blatt, um die Zeichnung zu verbergen. Den Text geben sie an jemand anderes weiter, der dazu ein Bild malt. Die Schüler vergleichen dieses Bild mit dem Original.

Seite 12

Seite 11

Seite 13

Seite 14

Seite 15

Seite 16

5. Sprechen Sie über die verschiedenen Arten von Geschichten, die die Schüler schreiben könnten, und darüber, wie die Handlung aussehen könnte. Anschließend denken die Schüler sich (unter Verwendung von Seite 16) Figuren für eine eigene Geschichte aus. Diese Liste mit Figuren wird für die Abschlussaufgabe auf Seite 31 benötigt.

Name: ______________________________

Benenne die Figuren

Titel des Buches: ______________________________

Figur: ______________________________

Beschreibung: ______________________________

____

Figur: ______________________________

Beschreibung: ______________________________

____

Figur: ______________________________

Beschreibung: ______________________________

____

Figur: ______________________________

Beschreibung: ______________________________

____

Name: ______________________________

Beschreibe die Figuren

Unterstreiche die Wörter und Ausdrücke, die das Mädchen beschreiben.

Rahme die Wörter und Ausdrücke ein, die den Roboter charakterisieren.

Markiere die Wörter und Ausdrücke, die auf den Hund zutreffen, mit einem **X**.

Du wirst feststellen, dass du nicht alle Angaben benötigst.

leuchtet hell in der Sonne	Beulen, Dellen und rostige Stellen	wie ein großer silberner Mann
rasselt bei Bewegung	rollte leise heran	steht groß und breit da
läuft auf vier Beinen	kleiner schwarzer Hund	Schwanz flattert im Wind
verspielt und laut	freundlich	mutig
leichtsinnig	seltsam	ängstlich
neugierig	zieht an der Leine	große Schleife im Haar
lockiger Pferdeschwanz	hüpft auf und ab	steht breitbeinig

Wähle eine Figur aus. Stelle sie dem Leser vor.
Verwende die Wörter und Formulierungen, die du markiert hast.

Name: ______________________________

Beschreibe die Figuren

Unterstreiche die Wörter und Ausdrücke, die den Wärter beschreiben.

Rahme die Wörter und Ausdrücke ein, die sich auf den Affen beziehen.

Markiere die Wörter und Ausdrücke, die den Elefanten charakterisieren, mit einem **x**.

Du wirst feststellen, dass du nicht alle Angaben benötigst.

riesig	schnattert laut	trägt Arbeitskleidung
vertreibt Fliegen mit dem Schwanz	singt bei der Arbeit	steht groß und breit da
völlig durchnässt	kleiner brauner Affe	große Ohren schlagen vor und zurück
hängt an der Hand	füttert den Elefanten	überraschter Ker
beweglicher Rüssel	beobachtet die Tiere	hält eine Frucht fest
bespritzt den Wärter	runzlige Haut	arbeitet hart
ruft nach ihrem Kalb	schwingt hin und her	steht auf großen Füßen

Wähle eine Figur aus. Stelle sie dem Leser vor.
Verwende die Wörter und Formulierungen, die du markiert hast.

____

____

____

____

____

____

____

____

Name: ______________________________

Figuren in einer Geschichte

Wähle ein Bild aus. Beschreibe, wie die Figur aussieht und wie sie sich deiner Meinung nach verhält. Beschreibe so deutlich, dass jeder, der deinen Text liest, weiß, wer gemeint ist.

Name: ______________________________

Figuren in einer Geschichte

Wähle ein Bild aus. Beschreibe, wie die Figur aussieht und wie sie sich deiner Meinung nach verhält. Beschreibe so deutlich, dass jeder, der deinen Text liest, weiß, wer gemeint ist.

Name: ______________________________

Figur

Zeichne eine Figur.

– – – – – – – – – – hier falten – – – – – – – – – –

Beschreibe die Figur. Berücksichtige Aussehen und Charakterzüge (wie die Figur sich verhält).

Name: ______________________________

Meine Geschichte

Figuren

Figur: ______________________________

Beschreibung: ______________________________

____

Figur: ______________________________

Beschreibung: ______________________________

____

Figur: ______________________________

Beschreibung: ______________________________

____

Figur: ______________________________

Beschreibung: ______________________________

____

Schauplatz

Wählen Sie eine oder mehrere der folgenden Übungen aus, um Ihre Schüler mit dem Begriff *Schauplatz* vertraut zu machen.

Seite 19–22

1. Lassen Sie Ihre Schüler an einer Beispielgeschichte den Schauplatz ermitteln und die Ausdrücke und Wörter, mit denen er beschrieben wird. Erläutern Sie, dass der Schauplatz sowohl den Ort, an dem die Geschichte spielt, als auch die Zeit, zu der sie spielt, umfasst.

Lesen Sie den Schülern die Beispielgeschichte vor. Fragen Sie: „Wo spielt die Geschichte?“ Schreiben Sie die Antworten an die Tafel. Fragen Sie: „Wann spielt die Geschichte?“ Schreiben Sie die Zeit ebenfalls an die Tafel. Lassen Sie die Schüler Wörter und Ausdrücke angeben, die ihnen dabei geholfen haben, Ort und Zeit der Handlung zu ermitteln.

Erklären Sie, dass der Schauplatz sich im Verlauf der Geschichte ändern kann. Verwenden Sie Beispiele aus der Literatur, um den Schülern zu helfen, Schauplatzwechsel (sowohl was den Ort als auch was die Zeit angeht) zu erkennen.

Kopieren Sie für jeden Schüler das Arbeitsblatt auf Seite 18. Am Beispiel einer Geschichte eigener Wahl notieren die Schüler die Schauplätze und die Worte und Formulierungen, die Ort und Zeit beschreiben.

2. Auf den Seiten 19 und 20 wählen die Schüler Ausdrücke und Formulierungen aus, die den Schauplatz aus der Abbildung beschreiben.

Seite 23 und 24

3. Auf den Seiten 21 und 22 geht es darum, einen der gezeigten Schauplätze zu beschreiben, ohne ihn explizit zu nennen. Die Schüler lesen die Beschreibung vor, um zu sehen, ob der Zuhörer den richtigen Schauplatz herausfindet.

4. Auf dem Arbeitsblatt von Seite 23 zeichnen die Schüler einen Schauplatz und beschreiben ihn anschließend. Sprechen Sie über die Wörter, die benutzt werden könnten, um Ort und Zeit zu beschreiben.

Wenn die Beschreibung fertig ist, falten die Schüler ihr Blatt, um die Zeichnung zu verbergen. Sie geben den Text an einen Mitschüler weiter, der danach eine Zeichnung anfertigt. Anschließend vergleichen die Schüler beide Zeichnungen.

5. Mithilfe von Seite 24 planen die Schüler den Schauplatz für eine eigene Geschichte und beschreiben ihn. Dieses Arbeitsblatt wird für die Abschlussaufgabe auf Seite 31 benötigt.

Name: ______________________________

Benenne den Schauplatz

Buchtitel: ______________________________

Ort der Handlung: ______________________________

Zeit der Handlung: ______________________________

Liste Wörter und Ausdrücke auf, die den Schauplatz beschreiben.

Hat sich der Schauplatz im Laufe der Geschichte verändert? Wie?

Name: ______________________________

Beschreibe den Schauplatz

Unterstreiche die Formulierungen, die diesen Schauplatz beschreiben.

hohes Gras weht im Wind	kühle Winde	dunkle Schatten
riesiger Kaktus	zusammengerollte Schlange	Amseln auf Nahrungssuche
flimmernde Hitze	Mittagszeit	Wanderdünen
Eulen verstecken sich in Höhlen	heiß und trocken	kühle Tümpel
goldene Sandkörner	Elefant frisst Blätter	heißer Wind
es schneit	Abenddämmerung	seltsame nächtliche Geräusche

Beschreibe mit den unterstrichenen Formulierungen den Schauplatz.

____

____

____

____

____

____

Name: ______________________________

Beschreibe den Schauplatz

Unterstreiche die Formulierungen, die diesen Schauplatz charakterisieren.

Seetang schaukelt im Wasser	krähender Hahn	dunkle Schatten
Fischschwarm	Krebse	Seesterne auf Felsen
Sonnenreflexe auf dem Wasser	Mitternacht	stachlige Kakteen
Tintenfisch versteckt sich hinter Felsen	heiß und trocken	kühle Tümpel
goldene Sandkörner	Otter im Tang	treibende Eisberge
köstliche Früchte an Bäumen	es regnet	Leute, die sich unterhalten

Beschreibe mit den unterstrichenen Formulierungen den Schauplatz.

Name: ______________________________

Schauplatz

Wähle ein Bild aus. Beschreibe den Schauplatz. Beschreibe ihn so deutlich, dass jeder, der den Text liest, weiß, um welchen Schauplatz es sich handelt.

Name: ____

Schauplatz

Wähle ein Bild aus. Beschreibe den Schauplatz. Beschreibe ihn so deutlich, dass jeder, der den Text liest, weiß, um welchen Schauplatz es sich handelt.

Name: ______________________________

Schauplatz

Zeichne einen Schauplatz.

– – – – – – – – – – hier falten – – – – – – – – – –

Beschreibe den Schauplatz. Berücksichtige Ort und Zeit.

Name: ____________________

Meine Geschichte

Schauplatz

Ort: ____________________

Zeit: ____________________

Beschreibung: ____________________

Handlung

Wählen Sie eine oder mehrere der folgenden Übungen aus, um Ihre Schüler mit dem Begriff *Handlung* vertraut zu machen.

1. Die Schüler sollen ermitteln, aus welchen Handlungsabschnitten eine Beispielgeschichte aufgebaut ist. Suchen Sie einen Text aus, den Sie in einer Unterrichtsstunde lesen können. Erinnern Sie Ihre Schüler daran, dass es sich bei der Handlung um die Ereignisse oder Vorgänge handelt, die die handelnden Figuren in der Geschichte betreffen.

Lesen Sie den Schülern ein Stück vor. Fragen Sie: „Was ist das erste wichtige Ereignis in der Geschichte?“ Schreiben Sie die Antwort an die Tafel. Lesen Sie die Geschichte abschnittsweise weiter vor, bis alle wichtigen Elemente der Handlung an der Tafel stehen.

Kopieren Sie das Arbeitsblatt auf Seite 26 für Ihre Schüler. Lassen Sie die Schüler zu einer Geschichte ihrer Wahl die wichtigen Vorgänge und Ereignisse auflisten.

2. Auf den Arbeitsblättern der Seiten 27 und 28 finden die Schüler heraus, um welche Probleme es in der Abbildung geht. Sie beschreiben dann unter Verwendung der gewählten Ausdrücke und Formulierungen, was geschieht.

3. Auf den Seiten 29 und 30 geht es darum, zu einem Bild ein passendes Problem oder Ereignis zu beschreiben. Die Schüler lesen ihren Text anschließend einem Mitschüler vor, um festzustellen, ob der Zuhörer die richtige Abbildung herausfindet.

4. Bei dieser Aufgabe greifen die Schüler auf die bereits erstellte Liste mit Figuren und die Beschreibung der Schauplätze zurück. Auf dem Arbeitsblatt von Seite 31 beschreiben sie drei Probleme oder Ereignisse, die die handelnde Figur an diesem Schauplatz erleben könnte. Dieses Arbeitsblatt bildet die Grundlage für die Abschlussaufgabe auf Seite 38.

Seite 26

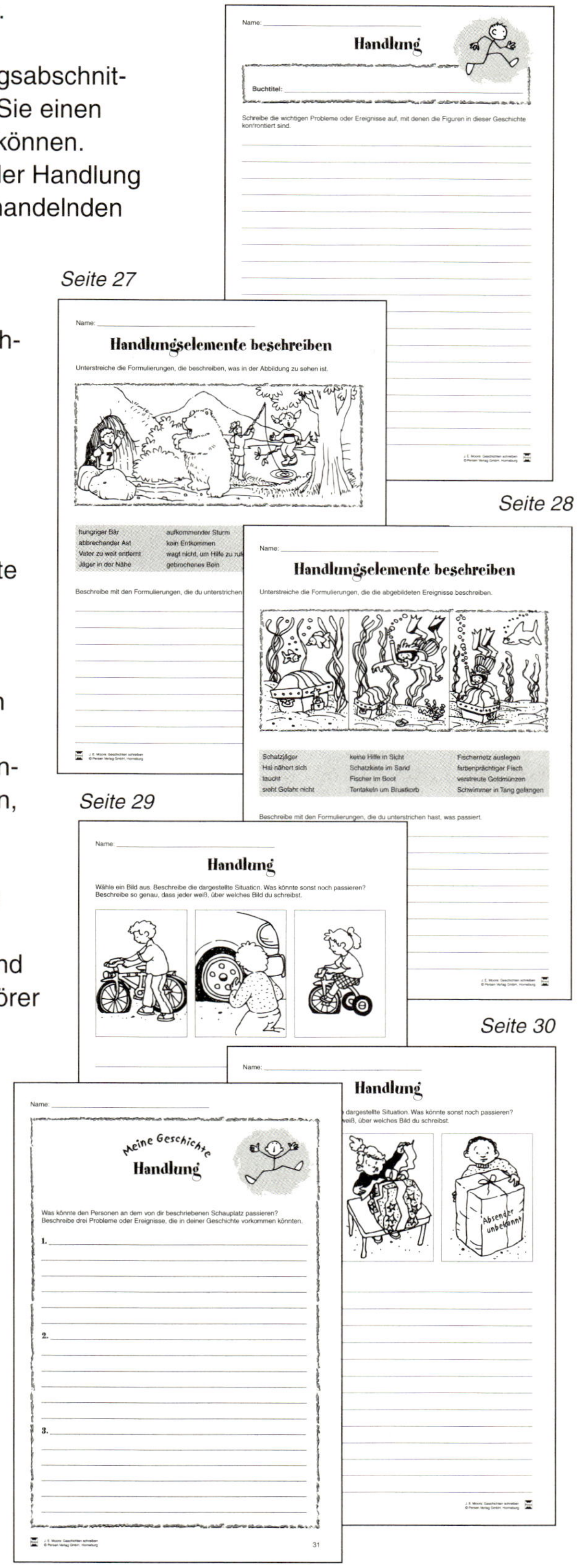

Seite 27

Seite 28

Seite 29

Seite 30

Seite 31

Name: ____

Handlung

Buchtitel: ____

Schreibe die wichtigen Probleme oder Ereignisse auf, mit denen die Figuren in dieser Geschichte konfrontiert sind.

Name: ___________________________________

Handlungselemente beschreiben

Unterstreiche die Formulierungen, die beschreiben, was in der Abbildung zu sehen ist.

hungriger Bär	aufkommender Sturm	im Wald verirrt
abbrechender Ast	kein Entkommen	Gefahr in der Nacht
Vater zu weit entfernt	wagt nicht, um Hilfe zu rufen	auf dem Baum eingeholt
Jäger in der Nähe	gebrochenes Bein	in einer Höhle gefangen

Beschreibe mit den Formulierungen, die du unterstrichen hast, was passiert.

____

____

____

____

____

____

____

____

____

Name: ______________________________

Handlungselemente beschreiben

Unterstreiche die Formulierungen, die die abgebildeten Ereignisse beschreiben.

Schatzjäger	keine Hilfe in Sicht	Fischernetz auslegen
Hai nähert sich	Schatzkiste im Sand	farbenprächtiger Fisch
taucht	Fischer im Boot	verstreute Goldmünzen
sieht Gefahr nicht	Tentakeln um Brustkorb	Schwimmer in Tang gefangen

Beschreibe mit den Formulierungen, die du unterstrichen hast, was passiert.

Name: ______________________________

Handlung

Wähle ein Bild aus. Beschreibe die dargestellte Situation. Was könnte sonst noch passieren? Beschreibe so genau, dass jeder weiß, über welches Bild du schreibst.

Name: ______________________________

Handlung

Wähle ein Bild aus. Beschreibe die dargestellte Situation. Was könnte sonst noch passieren? Beschreibe so genau, dass jeder weiß, über welches Bild du schreibst.

Name: ______________________________

Meine Geschichte

Handlung

Was könnte den Personen an dem von dir beschriebenen Schauplatz passieren? Beschreibe drei Probleme oder Ereignisse, die in deiner Geschichte vorkommen könnten.

1. ______________________________

____

____

____

____

____

2. ______________________________

____

____

____

____

____

3. ______________________________

____

____

____

____

____

Schluss

Wählen Sie eine oder mehrere der folgenden Übungen aus, um Ihre Schüler mit dem Begriff *Schluss* vertraut zu machen.

1. Die Schüler sollen herausfinden, wie eine Beispielgeschichte endet. Wählen Sie einen Text aus, den Sie in einer Unterrichtsstunde lesen können. Erinnern Sie die Schüler daran, dass der Schluss die Lösung eines Problems oder das Fazit der Geschichte ist. Er stellt sicher, dass das Ende klar ist und dem Leser einleuchtet.

Stellen Sie die Probleme oder Ereignisse in der Geschichte dar. Dann lesen Sie den Schülern den Schlussabschnitt vor. Fragen Sie: „Wie hat der Autor die Geschichte beendet? Wurden am Schluss die Probleme, mit denen sich die handelnden Personen auseinandersetzen mussten, gelöst? Ergibt der Schluss einen Sinn?“

Kopieren Sie das Arbeitsblatt von Seite 33 für jeden Schüler. Die Schüler beschreiben das Ende einer Geschichte ihrer Wahl.

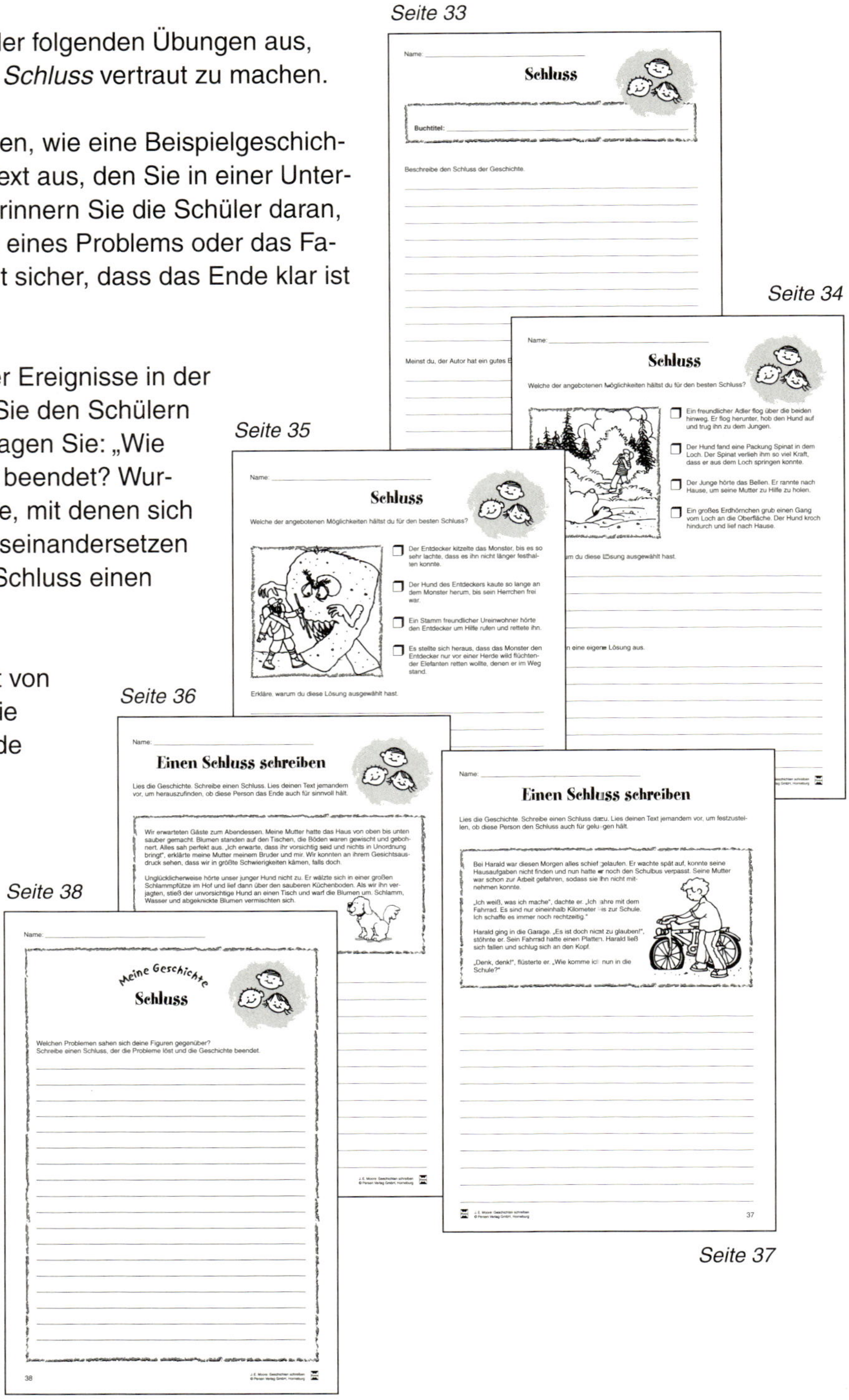

2. Auf den Arbeitsblättern der Seiten 34 und 35 ergründen die Schüler das Problem, das in der Abbildung dargestellt ist. Sie wählen unter den vorgegebenen Lösungen die aus, die sie für die beste halten.

3. Auf den Seiten 36 und 37 wird jeweils eine konkrete Situation vorgestellt. Die Schüler formulieren einen passenden Schluss. Lesen Sie einige der Ergebnisse in der Klasse vor und stellen Sie Vergleiche an.

4. Bei dieser Aufgabe greifen die Schüler auf das Arbeitsblatt von Seite 31 zurück. Sie formulieren auf Seite 38 einen Schluss, der die in ihrem Handlungsentwurf angesprochenen Probleme löst oder die dort aufgeführten Ereignisse abschließt.

Nun kennen die Schüler alle Bestandteile einer Geschichte und können mit dem Arbeitsblatt von Seite 39 die Teile einer selbst ausgesuchten Geschichte identifizieren und sie beschreiben.

Name: ______________________________

Schluss

Buchtitel: ______________________________

Beschreibe den Schluss der Geschichte.

Meinst du, der Autor hat ein gutes Ende geschrieben? Warum bzw. warum nicht?

Name: ______________________________

Schluss

Welche der angebotenen Möglichkeiten hältst du für den besten Schluss?

- [ ] Ein freundlicher Adler flog über die beiden hinweg. Er flog herunter, hob den Hund auf und trug ihn zu dem Jungen.
- [ ] Der Hund fand eine Packung Spinat in dem Loch. Der Spinat verlieh ihm so viel Kraft, dass er aus dem Loch springen konnte.
- [ ] Der Junge hörte das Bellen. Er rannte nach Hause, um seine Mutter zu Hilfe zu holen.
- [ ] Ein großes Erdhörnchen grub einen Gang vom Loch an die Oberfläche. Der Hund kroch hindurch und lief nach Hause.

Erkläre, warum du diese Lösung ausgewählt hast.

____

____

____

____

Denke dir nun eine eigene Lösung aus.

____

____

____

____

____

____

____

Name: ______________________________

Schluss

Welche der angebotenen Möglichkeiten hältst du für den besten Schluss?

- ☐ Der Entdecker kitzelte das Monster, bis es so sehr lachte, dass es ihn nicht länger festhalten konnte.
- ☐ Der Hund des Entdeckers kaute so lange an dem Monster herum, bis sein Herrchen frei war.
- ☐ Ein Stamm freundlicher Ureinwohner hörte den Entdecker um Hilfe rufen und rettete ihn.
- ☐ Es stellte sich heraus, dass das Monster den Entdecker nur vor einer Herde wild flüchtender Elefanten retten wollte, denen er im Weg stand.

Erkläre, warum du diese Lösung ausgewählt hast.

____

____

____

____

Denke dir nun eine eigene Lösung aus.

____

____

____

____

____

____

____

Name: ____________________

Einen Schluss schreiben

Lies die Geschichte. Schreibe einen Schluss. Lies deinen Text jemandem vor, um herauszufinden, ob diese Person das Ende auch für sinnvoll hält.

Wir erwarteten Gäste zum Abendessen. Meine Mutter hatte das Haus von oben bis unten sauber gemacht. Blumen standen auf den Tischen, die Böden waren gewischt und gebohnert. Alles sah perfekt aus. „Ich erwarte, dass ihr vorsichtig seid und nichts in Unordnung bringt“, erklärte meine Mutter meinem Bruder und mir. Wir konnten an ihrem Gesichtsausdruck sehen, dass wir in größte Schwierigkeiten kämen, falls doch.

Unglücklicherweise hörte unser junger Hund nicht zu. Er wälzte sich in einer großen Schlammpfütze im Hof und lief dann über den sauberen Küchenboden. Als wir ihn verjagten, stieß der unvorsichtige Hund an einen Tisch und warf die Blumen um. Schlamm, Wasser und abgeknickte Blumen vermischten sich.

„Was machen wir nur?“, weinte mein kleiner Bruder.

Jetzt war es an mir, einen Ausweg zu finden.

Name: ____

Einen Schluss schreiben

Lies die Geschichte. Schreibe einen Schluss dazu. Lies deinen Text jemandem vor, um festzustellen, ob diese Person den Schluss auch für gelungen hält.

Bei Harald war diesen Morgen alles schiefgelaufen. Er wachte spät auf, konnte seine Hausaufgaben nicht finden und nun hatte er noch den Schulbus verpasst. Seine Mutter war schon zur Arbeit gefahren, sodass sie ihn nicht mitnehmen konnte.

„Ich weiß, was ich mache“, dachte er. „Ich fahre mit dem Fahrrad. Es sind nur eineinhalb Kilometer bis zur Schule. Ich schaffe es immer noch rechtzeitig.“

Harald ging in die Garage. „Es ist doch nicht zu glauben!“, stöhnte er. Sein Fahrrad hatte einen Platten. Harald ließ sich fallen und schlug sich an den Kopf.

„Denk, denk!“, flüsterte er. „Wie komme ich nun in die Schule?“

Name: ______________________________

Meine Geschichte

Schluss

Welchen Problemen sahen sich deine Figuren gegenüber?
Schreibe einen Schluss, der die Probleme löst und die Geschichte beendet.

Name: ______________________________

Die Teile einer Geschichte

Figuren
Schauplatz
Probleme
Schluss

Titel der Geschichte: ______________________________

Nenne die handelnden **Figuren**.

____

____

Beschreibe eine dieser **Figuren**.

____

____

____

Beschreibe den **Hauptschauplatz** der Geschichte.

____

____

____

Zähle die wichtigsten **Probleme** auf, die in der Geschichte auftauchen.

____

____

____

Beschreibe den **Schluss**.

____

____

____

Teil III

Eine Geschichte schreiben - Schritt für Schritt

Vorbereitung

Seite 44

Seite 43

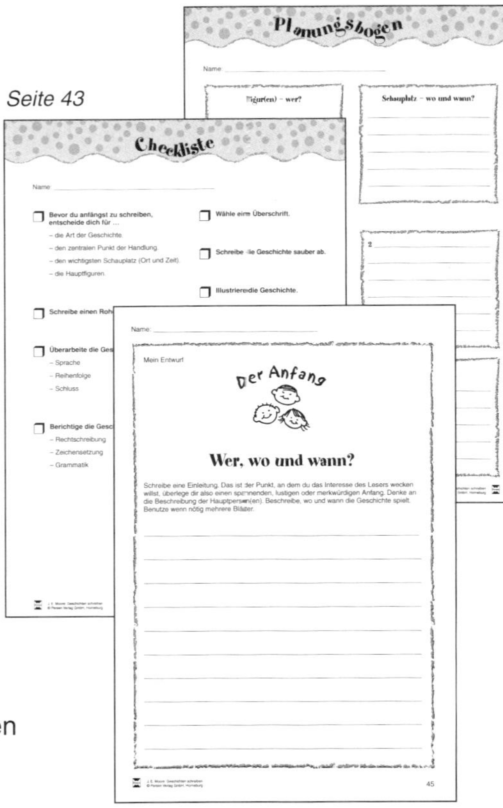

Seite 45

1. Hefter vorbereiten

- Die Schüler klammern die Checkliste (Seite 43) außen an einen Schnellhefter (aus Papier).
- Den Planungsbogen (Seite 44) kleben sie auf die vordere Innenseite.
- Die Arbeitsblätter (Seiten 45–49) werden eingeheftet, sobald sie ausgefüllt sind.

2. Themen sammeln

Die Schüler erstellen eine Liste möglicher Themen und Typen von Geschichten, die sie schreiben könnten.

Vielleicht legen Sie eine bestimmte Geschichtenart fest und sammeln mit den Schülern passende Ideen dafür.

Die Schüler könnten Folgendes schreiben:

Realistische Geschichten	Fantasiegeschichten	Abenteuergeschichten
Science-Fiction-Geschichten	Kriminalgeschichten	Historische Geschichten

3. Planungsbogen verwenden

Die Schüler durchdenken die Geschichte zunächst als Ganzes, um einen roten Faden zu haben, an dem sie sich beim Schreiben orientieren können.

Anfänger oder Schüler, die nicht gerne schreiben, benötigen möglicherweise individuelle Hilfe, um einen Anfang zu finden.

Diese Phase ist im Schreibprozess besonders wichtig. Sie sollten daher ausreichend Zeit für vorbereitende Aktivitäten zur Verfügung stellen. Diese helfen den Schülern, ihre Ideen zu strukturieren, bevor sie ihre Geschichten entwerfen. Wer noch wenig Schreiberfahrung hat, findet es vielleicht hilfreich, die Figuren und den Schauplatz zu zeichnen.

Zusätzliche Arbeitsblätter finden Sie auf den Seiten 51–53. Diese grafischen Arbeitshilfen können statt des Planungsbogens von Seite 44 verwendet werden. Sie eröffnen den Schülern weitere Möglichkeiten, ihre Ideen zu strukturieren.

Der erste Entwurf

Wenn Ihre Schüler zum ersten Mal einen Planungsbogen benutzen, sprechen Sie jede Seite einzeln durch. Wenn die Schüler schon damit gearbeitet haben, können Sie gleich alle Arbeitsblätter (Seite 43–49) auf einmal austeilen, sodass die Schüler sie in ihrem eigenen Tempo bearbeiten können.

1. **Entwerfen** (Seite 45–49)

Die Schüler verwenden die Informationen aus ihrem Planungsbogen, um die folgenden Arbeitsblätter auszufüllen. Halten Sie zusätzliches Papier bereit für Schüler, die mehr Platz benötigen.

Seite 45–49

- *Der Anfang* – wer, wo und wann?
  Unter Verwendung von Seite 45 schreiben die Schüler die Einleitung zu ihrer Geschichte. Die Hauptpersonen werden vorgestellt und Ort und Zeit der Handlung eingeführt. Das Interesse des Lesers sollte durch eine lebendige und fesselnde Sprache geweckt werden.

- *Handlungselemente* – was geschah und warum?
  In einer Geschichte können mehr als drei Handlungselemente vorkommen. Mit drei Elementen lässt sich jedoch eine gut abgerundete, interessante Geschichte schreiben. Mehr als drei Handlungselemente sind für jüngere Schreiber schwierig zu handhaben.

  Handlungselement 1
  Auf Seite 46 beginnen die Schüler mit dem ersten Teil der Handlung und beschreiben, WER WAS gemacht hat, WANN und WARUM.

  Handlungselement 2
  Auf Seite 47 schreiben die Schüler den mittleren Teil der Geschichte.
  Erinnern Sie sie daran, dass sie sich jetzt in der Mitte der Geschichte befinden und dass sich die Spannung weiter aufbauen soll.

  Handlungselement 3
  Die Schüler schreiben den Höhepunkt der Geschichte und verwenden dabei Seite 48. Es sollte der aufregendste und spannendste Punkt in der Geschichte sein.

- *Schluss*
  Auf Seite 49 formulieren die Schüler den Schluss ihrer Geschichten. Das Ende sollte die Probleme lösen und mit den Aktionen und Ereignissen in der Erzählung übereinstimmen.

2. Beurteilen

Ermutigen Sie die Schüler, ihre Geschichte einem Partner vorzulesen und/oder einen Partner zu bitten, sie vorzulesen, während sie selbst zuhören. Lassen Sie die Partner die folgenden Fragen diskutieren (mehr zu dieser Phase auf S. 5 und 6):

Klingt die Geschichte so, wie ich es wollte? Muss ich Details ergänzen oder ausführlicher werden? Ergibt die Geschichte einen Sinn? Stimmt die Reihenfolge der Ereignisse? Passt der Schluss zur übrigen Geschichte?

An dieser Phase (Schreibkonferenz) kann die ganze Klasse, eine kleine Gruppe oder ein Partner beteiligt sein.

3. Überarbeiten

Die Schüler werten die Vorschläge aus der Schreibkonferenz aus. Sie stellen fest, ob sie ihre Ideen besser, interessanter oder fesselnder formulieren können. Sie können einzelne Worte oder kurze Sätze ausradieren und die Änderung eintragen. Längere Sätze oder ganze Absätze sollten besser durchgestrichen werden. Die neuen Formulierungen können zwischen die durchgestrichenen Zeilen, auf die Rückseite oder auf ein zusätzliches Blatt Papier geschrieben werden. Neue Textteile können über die Streichungen geklebt werden.

Wenn die Schüler mit ihrer Geschichte inhaltlich zufrieden sind, die Formulierung klar und der Schluss der bestmögliche ist, können sie sich dem nächsten Schritt zuwenden.

4. Berichtigen

Die Schüler lesen ihre Geschichten noch einmal durch, wobei sie speziell auf die sprachlichen Regeln und Konventionen der Schriftsprache achten. Sie überprüfen ihre Texte auf grammatische Richtigkeit, Rechtschreibung und Interpunktion und korrigieren sie gegebenfalls.

Regen Sie an, dass die Schüler mit einem Partner zusammenarbeiten. So können sie gegenseitig Korrektur lesen und sich verbessern.

5. Überschrift festlegen

Bitten Sie die Schüler, sich ihre Geschichten genau anzuschauen und wenige Worte auszuwählen, die die Figuren und das Hauptthema beschreiben. Lassen Sie sie aus diesen Wörtern mindestens drei mögliche Überschriften formulieren. Die Autoren sollten diese Überschriften mit ihren Klassenkameraden diskutieren und sie fragen, wovon die Geschichte ihrer Ansicht nach handelt. Dann lassen Sie den Autor die beste der drei Alternativen als endgültige Überschrift auswählen.

6. Endversion schreiben

Nachdem der Text überarbeitet und berichtigt und die passende Überschrift gefunden wurde, schreiben die Schüler ihre Geschichte sauber ab.

Checkliste

Name: ______________________________

- [ ] **Bevor du anfängst zu schreiben, entscheide dich für ...**
  - die Art der Geschichte.
  - den zentralen Punkt der Handlung.
  - den wichtigsten Schauplatz (Ort und Zeit).
  - die Hauptfiguren.

- [ ] **Schreibe einen Rohentwurf.**

- [ ] **Überarbeite die Geschichte.**
  - Sprache
  - Reihenfolge
  - Schluss

- [ ] **Berichtige die Geschichte.**
  - Rechtschreibung
  - Zeichensetzung
  - Grammatik

- [ ] **Wähle eine Überschrift.**

- [ ] **Schreibe die Geschichte sauber ab.**

- [ ] **Illustriere die Geschichte.**

- [ ] **Gestalte einen Umschlag.**

- [ ] **Zeige deine Geschichte anderen.**

Planungsbogen

Name: ______________________________

Figur(en) – wer?

____
____
____
____
____

Schauplatz – wo und wann?

____
____
____
____
____

Handlung – was geschah und warum?

1 ______________________________
____
____
____
____
____

2 ______________________________
____
____
____
____
____

3 ______________________________
____
____
____
____
____

Schluss

____
____
____
____
____

Name: ______________________________

Mein Entwurf

Wer, wo und wann?

Schreibe eine Einleitung. Das ist der Punkt, an dem du das Interesse des Lesers wecken willst, überlege dir also einen spannenden, lustigen oder merkwürdigen Anfang. Denke an die Beschreibung der Hauptperson(en). Beschreibe, wo und wann die Geschichte spielt. Benutze wenn nötig mehrere Blätter.

Name: ____________________________________

Mein Entwurf

Handlungselement 1

Erzähle, **wer, was, wann** und **warum** tat.

Das ist die erste **Handlung**.

Hier kommt die Geschichte in Bewegung.

Name: ______________________________

Mein Entwurf

Handlungselement 2

Das passiert als Nächstes.

Die Figuren befinden sich nun in der Mitte der Geschichte.

Hier solltest du die Probleme, denen sich deine Hauptperson gegenübersieht, erklären.

Name: ____

Mein Entwurf

Handlungselement 3

Dies ist der **Höhepunkt** deiner Geschichte.
Es sollte der spannendste Teil sein.

Name: ______________________

Mein Entwurf

Schluss

Das ist das **Ende**.

Es muss zur **Handlung** der Geschichte passen.

Hier werden die Probleme gelöst und die Geschichte endet zufriedenstellend.

Zusätzliche Arbeitshilfen

Auf den folgenden Seiten finden Sie verschiedene grafische Arbeitshilfen für die Planungsphase, die statt des Planungsbogens verwendet werden können. Arbeiten Sie jedes Formular, das Sie neu einführen, einmal mit den Schülern durch. In manchen Fällen kann es erforderlich sein, die Arbeitsblätter mehrfach durchzugehen, bis die Schüler mit der Arbeitsweise vertraut sind.

Seite 51

Seite 52

Seite 53

Gliederung (Seite 51)

Die Schüler strukturieren ihre Geschichten mit einer einfachen Gliederung.

Die 6 W-Fragen (Seite 52)

Die Schüler beantworten die Fragen wer, wann, wo, was, warum und wie.

Mindmap (Seite 53)

Die Schüler erarbeiten ein Mindmap, das Figuren, Schauplatz, Handlungselemente und Schluss umfasst.

Name: ______________________________

Gliederung

____
(Arbeitstitel der Geschichte)

I. Figuren

a) ____

b) ____

c) ____

II. Schauplatz

a) Ort der Handlung ______________________________

b) Zeit der Handlung ______________________________

III. Handlungselemente

a) ____

b) ____

c) ____

IV. Schluss

____

____

____

Name: ______________________________

Die 6 W-Fragen

Wer? ______________________________

____

____

Tat was? ______________________________

____

____

Wo? ______________________________

____

____

Wann? ______________________________

____

____

Wie? ______________________________

____

____

Warum? ______________________________

____

____

Name: ______________________________

Mindmap

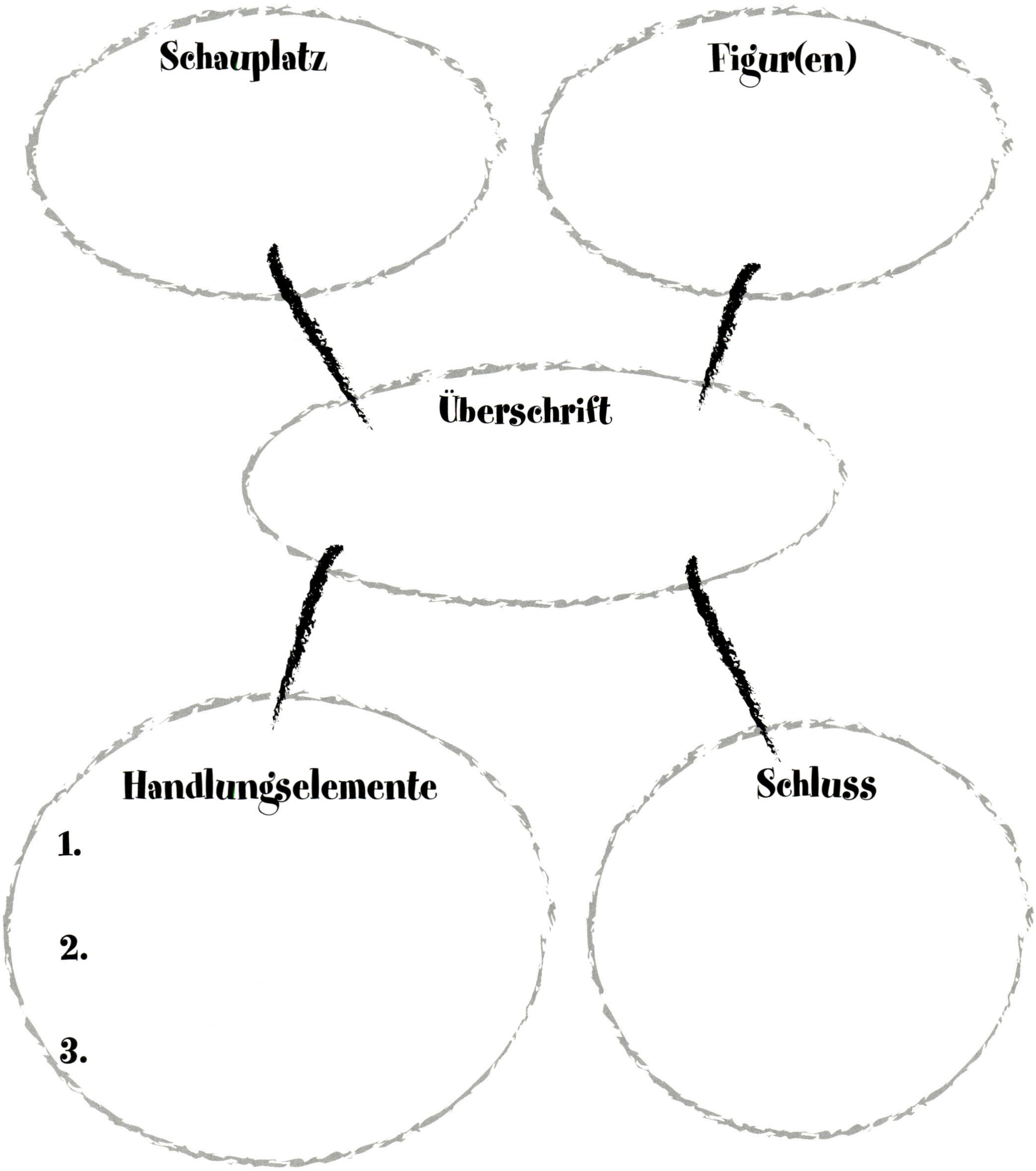

Teil IV

Verschiedene Geschichtenarten

Sobald die Schüler erfolgreich alle Schritte zum Schreiben einer Geschichte erarbeitet haben, stellen Sie sie vor eine neue Herausforderung: Lassen Sie die Schüler verschiedene Arten von Geschichten schreiben. Wie bei allen Schreiberfahrungen ist es wichtig, Beispiele zu lesen und zu analysieren, um die jeweiligen Charakteristika zu verstehen.

Die Seiten 55 bis 66 enthalten Informationen und Vorschläge zu sechs Arten von Geschichten.

Realistische Geschichten

Seite 55 und 56

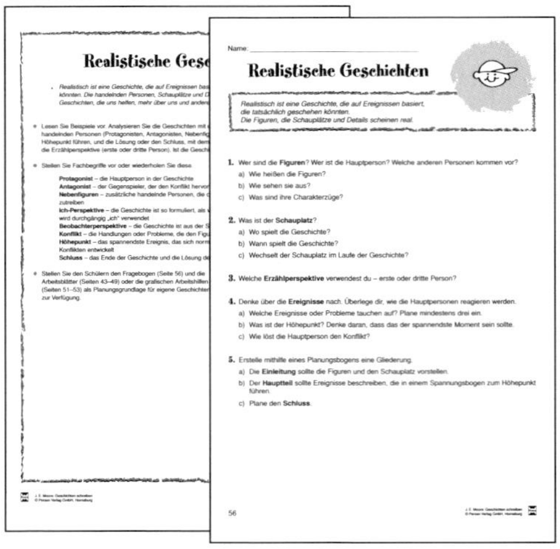

Historische Geschichten

Seite 57 und 58

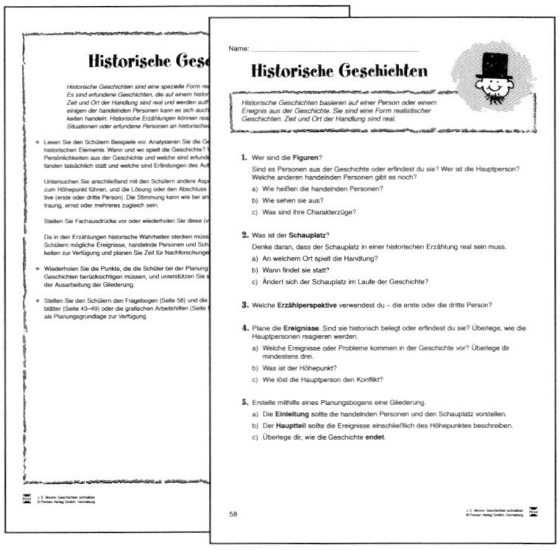

Kriminalgeschichten

Seite 59 und 60

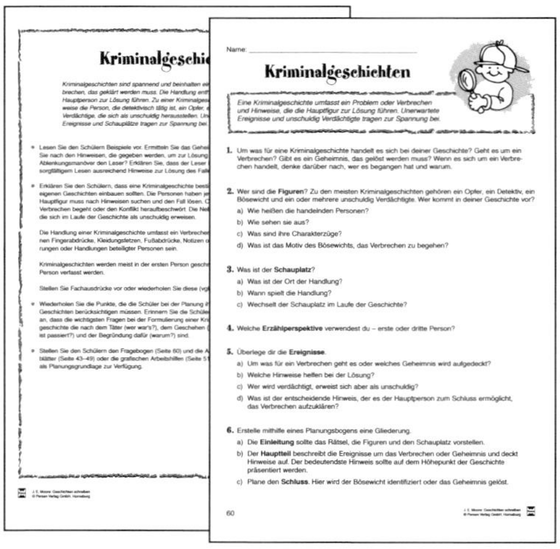

Abenteuergeschichten

Seite 61 und 62

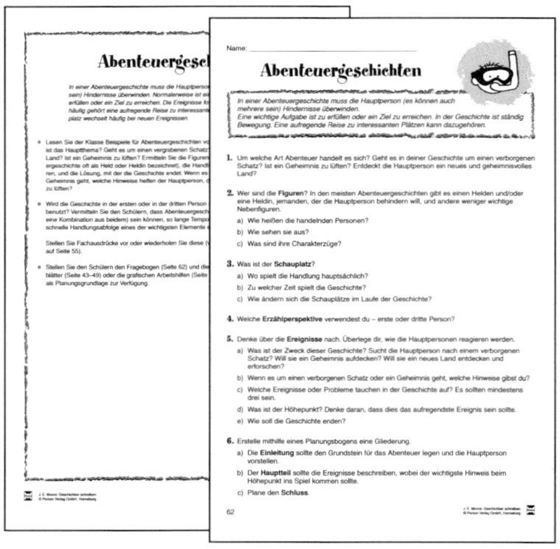

Fantasiegeschichten

Seite 63 und 64

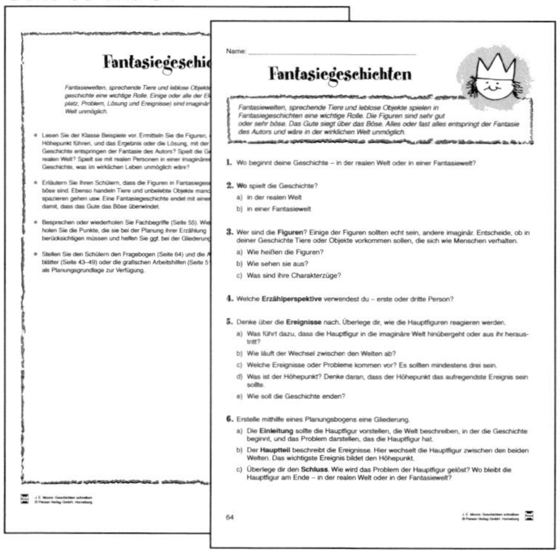

Science-Fiction-Geschichten

Seite 65 und 66

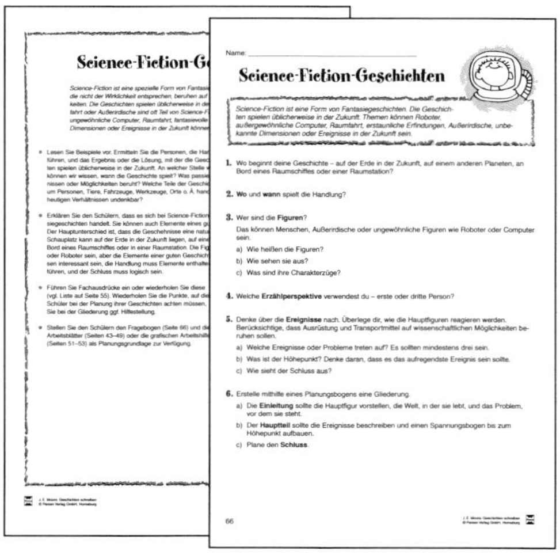

Realistische Geschichten

Realistisch ist eine Geschichte, die auf Ereignissen basiert, die wirklich stattfinden könnten. Die handelnden Personen, Schauplätze und Details scheinen real. Das sind Geschichten, die uns helfen, mehr über uns und andere Menschen zu lernen.

- Lesen Sie Beispiele vor. Analysieren Sie die Geschichten mit den Schülern. Ermitteln Sie die handelnden Personen (Protagonisten, Antagonisten, Nebenfiguren), Handlungselemente, die zum Höhepunkt führen, und die Lösung oder den Schluss, mit dem die Geschichte endet. Bestimmen Sie die Erzählperspektive (erste oder dritte Person). Ist die Geschichte lustig, traurig oder ernst?

- Stellen Sie Fachbegriffe vor oder wiederholen Sie diese.

  Protagonist – die Hauptperson in der Geschichte
  Antagonist – der Gegenspieler, der den Konflikt hervorruft
  Nebenfiguren – zusätzliche handelnde Personen, die dazu beitragen, die Geschichte voranzutreiben
  Ich-Perspektive – die Geschichte ist so formuliert, als würde die Hauptperson sie erzählen; es wird durchgängig „ich" verwendet
  Beobachterperspektive – die Geschichte ist aus der Sicht eines Erzählers geschrieben
  Konflikt – die Handlungen oder Probleme, die den Figuren begegnen
  Höhepunkt – das spannendste Ereignis, das sich normalerweise aus den vorangegangenen Konflikten entwickelt
  Schluss – das Ende der Geschichte und die Lösung der Probleme und Konflikte

- Stellen Sie den Schülern den Fragebogen (Seite 56) und die Arbeitsblätter (Seiten 43–49) oder die grafischen Arbeitshilfen (Seiten 51–53) als Planungsgrundlage für eigene Geschichten zur Verfügung.

Seite 56

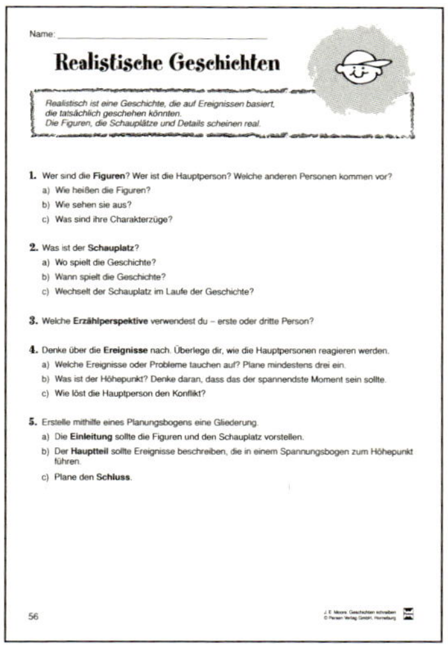

Name: ____________

Realistische Geschichten

Realistisch ist eine Geschichte, die auf Ereignissen basiert, die tatsächlich geschehen könnten. Die Figuren, die Schauplätze und Details scheinen real.

1. Wer sind die **Figuren**? Wer ist die Hauptperson? Welche anderen Personen kommen vor?
   a) Wie heißen die Figuren?
   b) Wie sehen sie aus?
   c) Was sind ihre Charakterzüge?
2. Was ist der **Schauplatz**?
   a) Wo spielt die Geschichte?
   b) Wann spielt die Geschichte?
   c) Wechselt der Schauplatz im Laufe der Geschichte?
3. Welche **Erzählperspektive** verwendest du – erste oder dritte Person?
4. Denke über die **Ereignisse** nach. Überlege dir, wie die Hauptpersonen reagieren werden.
   a) Welche Ereignisse oder Probleme tauchen auf? Plane mindestens drei ein.
   b) Was ist der Höhepunkt? Denke daran, dass das der spannendste Moment sein sollte.
   c) Wie löst die Hauptperson den Konflikt?
5. Erstelle mithilfe eines Planungsbogens eine Gliederung.
   a) Die **Einleitung** sollte die Figuren und den Schauplatz vorstellen.
   b) Der **Hauptteil** sollte Ereignisse beschreiben, die in einem Spannungsbogen zum Höhepunkt führen.
   c) Plane den **Schluss**.

56

Name: ____

Realistische Geschichten

Realistisch ist eine Geschichte, die auf Ereignissen basiert, die tatsächlich geschehen könnten.
Die Figuren, die Schauplätze und Details scheinen real.

1. Wer sind die **Figuren**? Wer ist die Hauptperson? Welche anderen Personen kommen vor?
- a) Wie heißen die Figuren?
- b) Wie sehen sie aus?
- c) Was sind ihre Charakterzüge?

2. Was ist der **Schauplatz**?
- a) Wo spielt die Geschichte?
- b) Wann spielt die Geschichte?
- c) Wechselt der Schauplatz im Laufe der Geschichte?

3. Welche **Erzählperspektive** verwendest du – erste oder dritte Person?

4. Denke über die **Ereignisse** nach. Überlege dir, wie die Hauptpersonen reagieren werden.
- a) Welche Ereignisse oder Probleme tauchen auf? Plane mindestens drei ein.
- b) Was ist der Höhepunkt? Denke daran, dass das der spannendste Moment sein sollte.
- c) Wie löst die Hauptperson den Konflikt?

5. Erstelle mithilfe eines Planungsbogens eine Gliederung.
- a) Die **Einleitung** sollte die Figuren und den Schauplatz vorstellen.
- b) Der **Hauptteil** sollte Ereignisse beschreiben, die in einem Spannungsbogen zum Höhepunkt führen.
- c) Plane den **Schluss**.

Historische Geschichten

Historische Geschichten sind eine spezielle Form realistischer Geschichten. Es sind erfundene Geschichten, die auf einem historischen Ereignis beruhen. Zeit und Ort der Handlung sind real und werden authentisch dargestellt. Bei einigen der handelnden Personen kann es sich auch um historische Persönlichkeiten handeln. Historische Erzählungen können reale Menschen in erfundenen Situationen oder erfundene Personen an historischen Schauplätzen darstellen.

- Lesen Sie den Schülern Beispiele vor. Analysieren Sie die Geschichten und bestimmen Sie dabei die historischen Elemente. Wann und wo spielt die Geschichte? Welche der handelnden Personen sind Persönlichkeiten aus der Geschichte und welche sind erfunden? Welche Ereignisse in der Erzählung fanden tatsächlich statt und welche sind Erfindungen des Autors?

  Untersuchen Sie anschließend mit den Schülern andere Aspekte wie die Handlungselemente, die zum Höhepunkt führen, und die Lösung oder den Abschluss und bestimmen Sie die Erzählperspektive (erste oder dritte Person). Die Stimmung kann wie bei anderen realistischen Erzählungen lustig, traurig, ernst oder mehreres zugleich sein.

  Stellen Sie Fachausdrücke vor oder wiederholen Sie diese (vgl. Liste auf Seite 55).

  Da in den Erzählungen historische Wahrheiten stecken müssen, sammeln Sie im Vorfeld mit den Schülern mögliche Ereignisse, handelnde Personen und Schauplätze. Stellen Sie Recherchemöglichkeiten zur Verfügung und planen Sie Zeit für Nachforschungen ein.

Seite 58

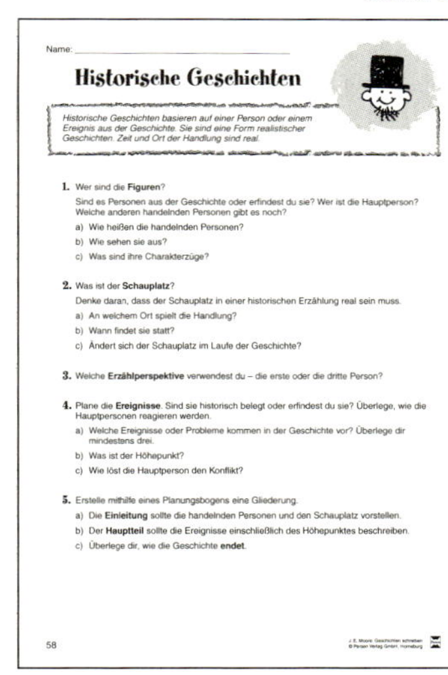

Name: ____________________

Historische Geschichten

Historische Geschichten basieren auf einer Person oder einem Ereignis aus der Geschichte. Sie sind eine Form realistischer Geschichten. Zeit und Ort der Handlung sind real.

1. Wer sind die **Figuren**?
   Sind es Personen aus der Geschichte oder erfindest du sie? Wer ist die Hauptperson? Welche anderen handelnden Personen gibt es noch?
   a) Wie heißen die handelnden Personen?
   b) Wie sehen sie aus?
   c) Was sind ihre Charakterzüge?

2. Was ist der **Schauplatz**?
   Denke daran, dass der Schauplatz in einer historischen Erzählung real sein muss.
   a) An welchem Ort spielt die Handlung?
   b) Wann findet sie statt?
   c) Ändert sich der Schauplatz im Laufe der Geschichte?

3. Welche **Erzählperspektive** verwendest du – die erste oder die dritte Person?

4. Plane die **Ereignisse**. Sind sie historisch belegt oder erfindest du sie? Überlege, wie die Hauptpersonen reagieren werden.
   a) Welche Ereignisse oder Probleme kommen in der Geschichte vor? Überlege dir mindestens drei.
   b) Was ist der Höhepunkt?
   c) Wie löst die Hauptperson den Konflikt?

5. Erstelle mithilfe eines Planungsbogens eine Gliederung.
   a) Die **Einleitung** sollte die handelnden Personen und den Schauplatz vorstellen.
   b) Der **Hauptteil** sollte die Ereignisse einschließlich des Höhepunktes beschreiben.
   c) Überlege dir, wie die Geschichte **endet**.

58

- Wiederholen Sie die Punkte, die die Schüler bei der Planung ihrer Geschichten berücksichtigen müssen, und unterstützen Sie sie bei der Ausarbeitung der Gliederung.

- Stellen Sie den Schülern den Fragebogen (Seite 58) und die Arbeitsblätter (Seite 43–49) oder die grafischen Arbeitshilfen (Seite 51–53) als Planungsgrundlage zur Verfügung.

Name: ______________________________

Historische Geschichten

Historische Geschichten basieren auf einer Person oder einem Ereignis aus der Geschichte. Sie sind eine Form realistischer Geschichten. Zeit und Ort der Handlung sind real.

1. Wer sind die **Figuren**?

Sind es Personen aus der Geschichte oder erfindest du sie? Wer ist die Hauptperson? Welche anderen handelnden Personen gibt es noch?

a) Wie heißen die handelnden Personen?

b) Wie sehen sie aus?

c) Was sind ihre Charakterzüge?

2. Was ist der **Schauplatz**?

Denke daran, dass der Schauplatz in einer historischen Erzählung real sein muss.

a) An welchem Ort spielt die Handlung?

b) Wann findet sie statt?

c) Ändert sich der Schauplatz im Laufe der Geschichte?

3. Welche **Erzählperspektive** verwendest du – die erste oder die dritte Person?

4. Plane die **Ereignisse**. Sind sie historisch belegt oder erfindest du sie? Überlege, wie die Hauptpersonen reagieren werden.

a) Welche Ereignisse oder Probleme kommen in der Geschichte vor? Überlege dir mindestens drei.

b) Was ist der Höhepunkt?

c) Wie löst die Hauptperson den Konflikt?

5. Erstelle mithilfe eines Planungsbogens eine Gliederung.

a) Die **Einleitung** sollte die handelnden Personen und den Schauplatz vorstellen.

b) Der **Hauptteil** sollte die Ereignisse einschließlich des Höhepunktes beschreiben.

c) Überlege dir, wie die Geschichte **endet**.

Kriminalgeschichten

Kriminalgeschichten sind spannend und beinhalten ein Problem oder ein Verbrechen, das geklärt werden muss. Die Handlung enthält die Hinweise, die die Hauptperson zur Lösung führen. Zu einer Kriminalgeschichte gehören normalerweise die Person, die detektivisch tätig ist, ein Opfer, ein Bösewicht und andere Verdächtige, die sich als unschuldig herausstellen. Unerwartete und einfallsreiche Ereignisse und Schauplätze tragen zur Spannung bei.

- Lesen Sie den Schülern Beispiele vor. Ermitteln Sie das Geheimnis oder das Verbrechen. Suchen Sie nach den Hinweisen, die gegeben werden, um zur Lösung des Falles beizutragen. Verwirren Ablenkungsmanöver den Leser? Erklären Sie, dass der Leser in einer guten Kriminalgeschichte bei sorgfältigem Lesen ausreichend Hinweise zur Lösung des Falles oder Geheimnisses bekommen soll.

- Erklären Sie den Schülern, dass eine Kriminalgeschichte bestimmte Elemente enthält, die sie in ihre eigenen Geschichten einbauen sollten. Die Personen haben jeweils eine bestimmte Aufgabe. Die Hauptfigur muss nach Hinweisen suchen und den Fall lösen. Oft gibt es einen Bösewicht, der das Verbrechen begeht oder den Konflikt heraufbeschwört. Die Nebenfiguren fungieren als Verdächtige, die sich im Laufe der Geschichte als unschuldig erweisen.

  Die Handlung einer Kriminalgeschichte umfasst ein Verbrechen oder ein Geheimnis. Hinweise können Fingerabdrücke, Kleidungsfetzen, Fußabdrücke, Notizen oder Andeutungen in Form von Äußerungen oder Handlungen beteiligter Personen sein.

  Kriminalgeschichten werden meist in der ersten Person geschrieben, können aber auch in der dritten Person verfasst werden.

  Stellen Sie Fachausdrücke vor oder wiederholen Sie diese (vgl. Liste auf Seite 55).

Seite 60

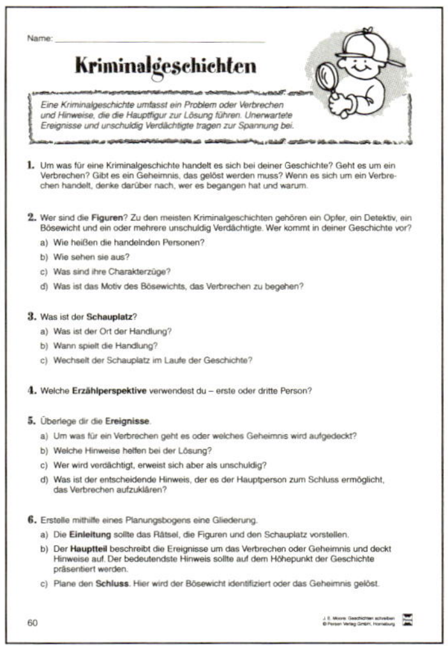
Name: ____________________

Kriminalgeschichten

Eine Kriminalgeschichte umfasst ein Problem oder Verbrechen und Hinweise, die die Hauptfigur zur Lösung führen. Unerwartete Ereignisse und unschuldig Verdächtigte tragen zur Spannung bei.

1. Um was für eine Kriminalgeschichte handelt es sich bei deiner Geschichte? Geht es um ein Verbrechen? Gibt es ein Geheimnis, das gelöst werden muss? Wenn es sich um ein Verbrechen handelt, denke darüber nach, wer es begangen hat und warum.
2. Wer sind die **Figuren**? Zu den meisten Kriminalgeschichten gehören ein Opfer, ein Detektiv, ein Bösewicht und ein oder mehrere unschuldig Verdächtigte. Wer kommt in deiner Geschichte vor?
   a) Wie heißen die handelnden Personen?
   b) Wie sehen sie aus?
   c) Was sind ihre Charakterzüge?
   d) Was ist das Motiv des Bösewichts, das Verbrechen zu begehen?
3. Was ist der **Schauplatz**?
   a) Was ist der Ort der Handlung?
   b) Wann spielt die Handlung?
   c) Wechselt der Schauplatz im Laufe der Geschichte?
4. Welche **Erzählperspektive** verwendest du – erste oder dritte Person?
5. Überlege dir die **Ereignisse**.
   a) Um was für ein Verbrechen geht es oder welches Geheimnis wird aufgedeckt?
   b) Welche Hinweise helfen bei der Lösung?
   c) Wer wird verdächtigt, erweist sich aber als unschuldig?
   d) Was ist der entscheidende Hinweis, der es der Hauptperson zum Schluss ermöglicht, das Verbrechen aufzuklären?
6. Erstelle mithilfe eines Planungsbogens eine Gliederung.
   a) Die **Einleitung** sollte das Rätsel, die Figuren und den Schauplatz vorstellen.
   b) Der **Hauptteil** beschreibt die Ereignisse um das Verbrechen oder Geheimnis und deckt Hinweise auf. Der bedeutendste Hinweis sollte auf dem Höhepunkt der Geschichte präsentiert werden.
   c) Plane den **Schluss**. Hier wird der Bösewicht identifiziert oder das Geheimnis gelöst.

60

- Wiederholen Sie die Punkte, die die Schüler bei der Planung ihrer Geschichten berücksichtigen müssen. Erinnern Sie die Schüler daran, dass die wichtigsten Fragen bei der Formulierung einer Kriminalgeschichte die nach dem Täter (wer war's?), dem Geschehen (was ist passiert?) und der Begründung dafür (warum?) sind.

- Stellen Sie den Schülern den Fragebogen (Seite 60) und die Arbeitsblätter (Seite 43–49) oder die grafischen Arbeitshilfen (Seite 51–53) als Planungsgrundlage zur Verfügung.

Name: ___________________________________

Kriminalgeschichten

Eine Kriminalgeschichte umfasst ein Problem oder Verbrechen und Hinweise, die die Hauptfigur zur Lösung führen. Unerwartete Ereignisse und unschuldig Verdächtigte tragen zur Spannung bei.

1. Um was für eine Kriminalgeschichte handelt es sich bei deiner Geschichte? Geht es um ein Verbrechen? Gibt es ein Geheimnis, das gelöst werden muss? Wenn es sich um ein Verbrechen handelt, denke darüber nach, wer es begangen hat und warum.

2. Wer sind die **Figuren**? Zu den meisten Kriminalgeschichten gehören ein Opfer, ein Detektiv, ein Bösewicht und ein oder mehrere unschuldig Verdächtigte. Wer kommt in deiner Geschichte vor?

a) Wie heißen die handelnden Personen?

b) Wie sehen sie aus?

c) Was sind ihre Charakterzüge?

d) Was ist das Motiv des Bösewichts, das Verbrechen zu begehen?

3. Was ist der **Schauplatz**?

a) Was ist der Ort der Handlung?

b) Wann spielt die Handlung?

c) Wechselt der Schauplatz im Laufe der Geschichte?

4. Welche **Erzählperspektive** verwendest du – erste oder dritte Person?

5. Überlege dir die **Ereignisse**.

a) Um was für ein Verbrechen geht es oder welches Geheimnis wird aufgedeckt?

b) Welche Hinweise helfen bei der Lösung?

c) Wer wird verdächtigt, erweist sich aber als unschuldig?

d) Was ist der entscheidende Hinweis, der es der Hauptperson zum Schluss ermöglicht, das Verbrechen aufzuklären?

6. Erstelle mithilfe eines Planungsbogens eine Gliederung.

a) Die **Einleitung** sollte das Rätsel, die Figuren und den Schauplatz vorstellen.

b) Der **Hauptteil** beschreibt die Ereignisse um das Verbrechen oder Geheimnis und deckt Hinweise auf. Der bedeutendste Hinweis sollte auf dem Höhepunkt der Geschichte präsentiert werden.

c) Plane den **Schluss**. Hier wird der Bösewicht identifiziert oder das Geheimnis gelöst.

Abenteuergeschichten

In einer Abenteuergeschichte muss die Hauptperson (es können auch mehrere sein) Hindernisse überwinden. Normalerweise ist eine wichtige Aufgabe zu erfüllen oder ein Ziel zu erreichen. Die Ereignisse folgen schnell aufeinander und häufig gehört eine aufregende Reise zu interessanten Orten dazu. Der Schauplatz wechselt häufig bei neuen Ereignissen.

- Lesen Sie der Klasse Beispiele für Abenteuergeschichten vor. Analysieren Sie die Geschichten. Was ist das Hauptthema? Geht es um einen vergrabenen Schatz? Erforscht die Hauptperson ein neues Land? Ist ein Geheimnis zu lüften? Ermitteln Sie die Figuren (die Hauptperson wird in einer Abenteuergeschichte oft als Held oder Heldin bezeichnet), die Handlungselemente, die zum Höhepunkt führen, und die Lösung, mit der die Geschichte endet. Wenn es um einen verborgenen Schatz oder ein Geheimnis geht, welche Hinweise helfen der Hauptperson, den Schatz zu finden oder das Geheimnis zu lüften?

- Wird die Geschichte in der ersten oder in der dritten Person erzählt? Welche Stilelemente werden benutzt? Vermitteln Sie den Schülern, dass Abenteuergeschichten sowohl lustig als auch ernst (oder eine Kombination aus beidem) sein können, solange Tempo in der Geschichte ist. In der Tat ist eine schnelle Handlungsabfolge eines der wichtigsten Elemente einer guten Abenteuergeschichte.

  Stellen Sie Fachausdrücke vor oder wiederholen Sie diese (vgl. Liste auf Seite 55).

- Stellen Sie den Schülern den Fragebogen (Seite 62) und die Arbeitsblätter (Seite 43–49) oder die grafischen Arbeitshilfen (Seite 51–53) als Planungsgrundlage zur Verfügung.

Seite 62

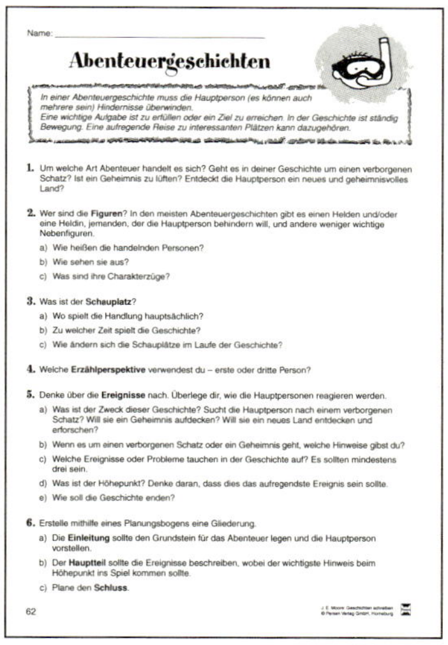
Name: ____________

Abenteuergeschichten

In einer Abenteuergeschichte muss die Hauptperson (es können auch mehrere sein) Hindernisse überwinden.
Eine wichtige Aufgabe ist zu erfüllen oder ein Ziel zu erreichen. In der Geschichte ist ständig Bewegung. Eine aufregende Reise zu interessanten Plätzen kann dazugehören.

1. Um welche Art Abenteuer handelt es sich? Geht es in deiner Geschichte um einen verborgenen Schatz? Ist ein Geheimnis zu lüften? Entdeckt die Hauptperson ein neues und geheimnisvolles Land?

2. Wer sind die **Figuren**? In den meisten Abenteuergeschichten gibt es einen Helden und/oder eine Heldin, jemanden, der die Hauptperson behindern will, und andere weniger wichtige Nebenfiguren.
   a) Wie heißen die handelnden Personen?
   b) Wie sehen sie aus?
   c) Was sind ihre Charakterzüge?

3. Was ist der **Schauplatz**?
   a) Wo spielt die Handlung hauptsächlich?
   b) Zu welcher Zeit spielt die Geschichte?
   c) Wie ändern sich die Schauplätze im Laufe der Geschichte?

4. Welche **Erzählperspektive** verwendest du – erste oder dritte Person?

5. Denke über die **Ereignisse** nach. Überlege dir, wie die Hauptpersonen reagieren werden.
   a) Was ist der Zweck dieser Geschichte? Sucht die Hauptperson nach einem verborgenen Schatz? Will sie ein Geheimnis aufdecken? Will sie ein neues Land entdecken und erforschen?
   b) Wenn es um einen verborgenen Schatz oder ein Geheimnis geht, welche Hinweise gibst du?
   c) Welche Ereignisse oder Probleme tauchen in der Geschichte auf? Es sollten mindestens drei sein.
   d) Was ist der Höhepunkt? Denke daran, dass dies das aufregendste Ereignis sein sollte.
   e) Wie soll die Geschichte enden?

6. Erstelle mithilfe eines Planungsbogens eine Gliederung.
   a) Die **Einleitung** sollte den Grundstein für das Abenteuer legen und die Hauptperson vorstellen.
   b) Der **Hauptteil** sollte die Ereignisse beschreiben, wobei der wichtigste Hinweis beim Höhepunkt ins Spiel kommen sollte.
   c) Plane den **Schluss**.

62

Name: ____________________

Abenteuergeschichten

In einer Abenteuergeschichte muss die Hauptperson (es können auch mehrere sein) Hindernisse überwinden.
Eine wichtige Aufgabe ist zu erfüllen oder ein Ziel zu erreichen. In der Geschichte ist ständig Bewegung. Eine aufregende Reise zu interessanten Plätzen kann dazugehören.

1. Um welche Art Abenteuer handelt es sich? Geht es in deiner Geschichte um einen verborgenen Schatz? Ist ein Geheimnis zu lüften? Entdeckt die Hauptperson ein neues und geheimnisvolles Land?

2. Wer sind die **Figuren**? In den meisten Abenteuergeschichten gibt es einen Helden und/oder eine Heldin, jemanden, der die Hauptperson behindern will, und andere, weniger wichtige Nebenfiguren.

a) Wie heißen die handelnden Personen?

b) Wie sehen sie aus?

c) Was sind ihre Charakterzüge?

3. Was ist der **Schauplatz**?

a) Wo spielt die Handlung hauptsächlich?

b) Zu welcher Zeit spielt die Geschichte?

c) Wie ändern sich die Schauplätze im Laufe der Geschichte?

4. Welche **Erzählperspektive** verwendest du – erste oder dritte Person?

5. Denke über die **Ereignisse** nach. Überlege dir, wie die Hauptpersonen reagieren werden.

a) Was ist der Zweck dieser Geschichte? Sucht die Hauptperson nach einem verborgenen Schatz? Will sie ein Geheimnis aufdecken? Will sie ein neues Land entdecken und erforschen?

b) Wenn es um einen verborgenen Schatz oder ein Geheimnis geht, welche Hinweise gibst du?

c) Welche Ereignisse oder Probleme tauchen in der Geschichte auf? Es sollten mindestens drei sein.

d) Was ist der Höhepunkt? Denke daran, dass dies das aufregendste Ereignis sein sollte.

e) Wie soll die Geschichte enden?

6. Erstelle mithilfe eines Planungsbogens eine Gliederung.

a) Die **Einleitung** sollte den Grundstein für das Abenteuer legen und die Hauptperson vorstellen.

b) Der **Hauptteil** sollte die Ereignisse beschreiben, wobei der wichtigste Hinweis beim Höhepunkt ins Spiel kommen sollte.

c) Plane den **Schluss**.

Fantasiegeschichten

Fantasiewelten, sprechende Tiere und leblose Objekte spielen in einer Fantasiegeschichte eine wichtige Rolle. Einige oder alle der Elemente (Figuren, Schauplatz, Problem, Lösung und Ereignisse) sind imaginär und wären in der normalen Welt unmöglich.

- Lesen Sie der Klasse Beispiele vor. Ermitteln Sie die Figuren, die Handlungselemente, die zum Höhepunkt führen, und das Ergebnis oder die Lösung, mit der die Geschichte endet. Welche Teile der Geschichte entspringen der Fantasie des Autors? Spielt die Geschichte mit Fantasiegestalten in der realen Welt? Spielt sie mit realen Personen in einer imaginären Welt? Was geschieht in der Geschichte, was im wirklichen Leben unmöglich wäre?

- Erläutern Sie Ihren Schülern, dass die Figuren in Fantasiegeschichten fast immer sehr gut oder sehr böse sind. Ebenso handeln Tiere und unbelebte Objekte manchmal menschlich, indem sie reden, spazieren gehen usw. Eine Fantasiegeschichte endet mit einer Lösung für einen Konflikt, meistens damit, dass das Gute das Böse überwindet.

- Besprechen oder wiederholen Sie Fachbegriffe (Seite 55). Wiederholen Sie die Punkte, die sie bei der Planung ihrer Erzählung berücksichtigen müssen und helfen Sie ggf. bei der Gliederung.

- Stellen Sie den Schülern den Fragebogen (Seite 64) und die Arbeitsblätter (Seite 43–49) oder die grafischen Arbeitshilfen (Seite 51–53) als Planungsgrundlage zur Verfügung.

Seite 64

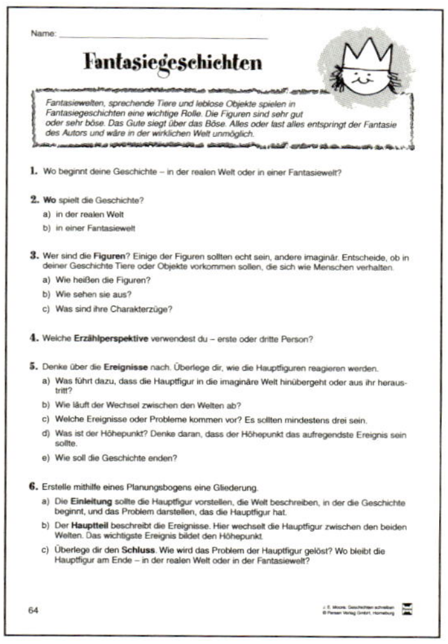
Name: ______________________

Fantasiegeschichten

Fantasiewelten, sprechende Tiere und leblose Objekte spielen in Fantasiegeschichten eine wichtige Rolle. Die Figuren sind sehr gut oder sehr böse. Das Gute siegt über das Böse. Alles oder fast alles entspringt der Fantasie des Autors und wäre in der wirklichen Welt unmöglich.

1. Wo beginnt deine Geschichte – in der realen Welt oder in einer Fantasiewelt?
2. **Wo** spielt die Geschichte?
   a) in der realen Welt
   b) in einer Fantasiewelt
3. Wer sind die **Figuren**? Einige der Figuren sollten echt sein, andere imaginär. Entscheide, ob in deiner Geschichte Tiere oder Objekte vorkommen sollen, die sich wie Menschen verhalten.
   a) Wie heißen die Figuren?
   b) Wie sehen sie aus?
   c) Was sind ihre Charakterzüge?
4. Welche **Erzählperspektive** verwendest du – erste oder dritte Person?
5. Denke über die **Ereignisse** nach. Überlege dir, wie die Hauptfiguren reagieren werden.
   a) Was führt dazu, dass die Hauptfigur in die imaginäre Welt hinübergeht oder aus ihr heraustritt?
   b) Wie läuft der Wechsel zwischen den Welten ab?
   c) Welche Ereignisse oder Probleme kommen vor? Es sollten mindestens drei sein.
   d) Was ist der Höhepunkt? Denke daran, dass der Höhepunkt das aufregendste Ereignis sein sollte.
   e) Wie soll die Geschichte enden?
6. Erstelle mithilfe eines Planungsbogens eine Gliederung.
   a) Die **Einleitung** sollte die Hauptfigur vorstellen, die Welt beschreiben, in der die Geschichte beginnt, und das Problem darstellen, das die Hauptfigur hat.
   b) Der **Hauptteil** beschreibt die Ereignisse. Hier wechselt die Hauptfigur zwischen den beiden Welten. Das wichtigste Ereignis bildet den Höhepunkt.
   c) Überlege dir den **Schluss**. Wie wird das Problem der Hauptfigur gelöst? Wo bleibt die Hauptfigur am Ende – in der realen Welt oder in der Fantasiewelt?

64

Name: ______________________________

Fantasiegeschichten

Fantasiewelten, sprechende Tiere und leblose Objekte spielen in Fantasiegeschichten eine wichtige Rolle. Die Figuren sind sehr gut oder sehr böse. Das Gute siegt über das Böse. Alles oder fast alles entspringt der Fantasie des Autors und wäre in der wirklichen Welt unmöglich.

1. Wo beginnt deine Geschichte – in der realen Welt oder in einer Fantasiewelt?

2. **Wo** spielt die Geschichte?

a) in der realen Welt

b) in einer Fantasiewelt

3. Wer sind die **Figuren**? Einige der Figuren sollten echt sein, andere imaginär. Entscheide, ob in deiner Geschichte Tiere oder Objekte vorkommen sollen, die sich wie Menschen verhalten.

a) Wie heißen die Figuren?

b) Wie sehen sie aus?

c) Was sind ihre Charakterzüge?

4. Welche **Erzählperspektive** verwendest du – erste oder dritte Person?

5. Denke über die **Ereignisse** nach. Überlege dir, wie die Hauptfiguren reagieren werden.

a) Was führt dazu, dass die Hauptfigur in die imaginäre Welt hinübergeht oder aus ihr heraustritt?

b) Wie läuft der Wechsel zwischen den Welten ab?

c) Welche Ereignisse oder Probleme kommen vor? Es sollten mindestens drei sein.

d) Was ist der Höhepunkt? Denke daran, dass der Höhepunkt das aufregendste Ereignis sein sollte.

e) Wie soll die Geschichte enden?

6. Erstelle mithilfe eines Planungsbogens eine Gliederung.

a) Die **Einleitung** sollte die Hauptfigur vorstellen, die Welt beschreiben, in der die Geschichte beginnt, und das Problem darstellen, das die Hauptfigur hat.

b) Der **Hauptteil** beschreibt die Ereignisse. Hier wechselt die Hauptfigur zwischen den beiden Welten. Das wichtigste Ereignis bildet den Höhepunkt.

c) Überlege dir den **Schluss**. Wie wird das Problem der Hauptfigur gelöst? Wo bleibt die Hauptfigur am Ende – in der realen Welt oder in der Fantasiewelt?

Science-Fiction-Geschichten

Science-Fiction ist eine spezielle Form von Fantasiegeschichten. Die Elemente, die nicht der Wirklichkeit entsprechen, beruhen auf wissenschaftlichen Möglichkeiten. Die Geschichten spielen üblicherweise in der Zukunft. Technologie, Raumfahrt oder Außerirdische sind oft Teil von Science-Fiction-Geschichten. Roboter, ungewöhnliche Computer, Raumfahrt, fantasievolle Erfindungen, unbekannte Dimensionen oder Ereignisse in der Zukunft können vorkommen.

- Lesen Sie Beispiele vor. Ermitteln Sie die Personen, die Handlungselemente, die zum Höhepunkt führen, und das Ergebnis oder die Lösung, mit der die Geschichte endet. Science-Fiction-Geschichten spielen üblicherweise in der Zukunft. An welcher Stelle wird der Schauplatz beschrieben? Woher können wir wissen, wann die Geschichte spielt? Was passiert, was auf wissenschaftlichen Erkenntnissen oder Möglichkeiten beruht? Welche Teile der Geschichte sind Fantasie? (Dabei kann es sich um Personen, Tiere, Fahrzeuge, Werkzeuge, Orte o. Ä. handeln.) Welche Ereignisse wären unter heutigen Verhältnissen undenkbar?

- Erklären Sie den Schülern, dass es sich bei Science-Fiction-Geschichten um eine Form von Fantasiegeschichten handelt. Sie können auch Elemente eines gut geschriebenen Abenteuers enthalten. Der Hauptunterschied ist, dass die Geschehnisse eine naturwissenschaftliche Grundlage haben. Der Schauplatz kann auf der Erde in der Zukunft liegen, auf einem anderen Planeten, im Weltraum an Bord eines Raumschiffes oder in einer Raumstation. Die Figuren können Menschen, Außerirdische oder Roboter sein, aber die Elemente einer guten Geschichte zählen immer noch. Die Figuren müssen interessant sein, die Handlung muss Elemente enthalten, die zu einem aufregenden Höhepunkt führen und der Schluss muss logisch sein.

Seite 66

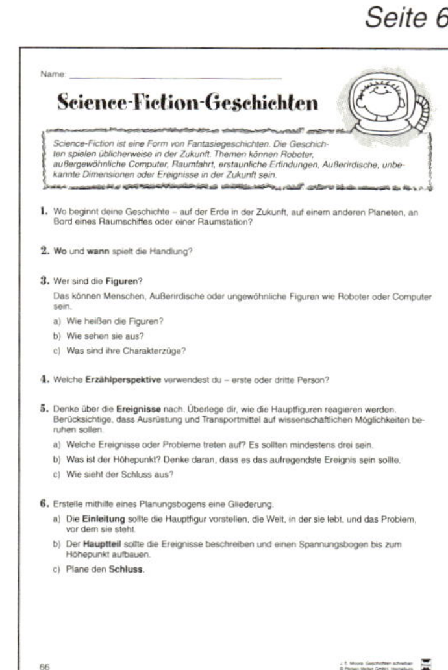
Name: ____________

Science-Fiction-Geschichten

Science-Fiction ist eine Form von Fantasiegeschichten. Die Geschichten spielen üblicherweise in der Zukunft. Themen können Roboter, außergewöhnliche Computer, Raumfahrt, erstaunliche Erfindungen, Außerirdische, unbekannte Dimensionen oder Ereignisse in der Zukunft sein.

1. Wo beginnt deine Geschichte – auf der Erde in der Zukunft, auf einem anderen Planeten, an Bord eines Raumschiffes oder einer Raumstation?
2. **Wo** und **wann** spielt die Handlung?
3. Wer sind die **Figuren**?
   Das können Menschen, Außerirdische oder ungewöhnliche Figuren wie Roboter oder Computer sein.
   a) Wie heißen die Figuren?
   b) Wie sehen sie aus?
   c) Was sind ihre Charakterzüge?
4. Welche **Erzählperspektive** verwendest du – erste oder dritte Person?
5. Denke über die **Ereignisse** nach. Überlege dir, wie die Hauptfiguren reagieren werden. Berücksichtige, dass Ausrüstung und Transportmittel auf wissenschaftlichen Möglichkeiten beruhen sollen.
   a) Welche Ereignisse oder Probleme treten auf? Es sollten mindestens drei sein.
   b) Was ist der Höhepunkt? Denke daran, dass es das aufregendste Ereignis sein sollte.
   c) Wie sieht der Schluss aus?
6. Erstelle mithilfe eines Planungsbogens eine Gliederung.
   a) Die **Einleitung** sollte die Hauptfigur vorstellen, die Welt, in der sie lebt, und das Problem, vor dem sie steht.
   b) Der **Hauptteil** sollte die Ereignisse beschreiben und einen Spannungsbogen bis zum Höhepunkt aufbauen.
   c) Plane den **Schluss**.

66

- Führen Sie Fachausdrücke ein oder wiederholen Sie diese (vgl. Liste auf Seite 55). Wiederholen Sie die Punkte, auf die Ihre Schüler bei der Planung ihrer Geschichten achten müssen, leisten Sie bei der Gliederung ggf. Hilfestellung.

- Stellen Sie den Schülern den Fragebogen (Seite 66) und die Arbeitsblätter (Seiten 43–49) oder die grafischen Arbeitshilfen (Seiten 51–53) als Planungsgrundlage zur Verfügung.

Name: ______________________________

Science-Fiction-Geschichten

Science-Fiction ist eine Form von Fantasiegeschichten. Die Geschichten spielen üblicherweise in der Zukunft. Themen können Roboter, außergewöhnliche Computer, Raumfahrt, erstaunliche Erfindungen, Außerirdische, unbekannte Dimensionen oder Ereignisse in der Zukunft sein.

1. Wo beginnt deine Geschichte – auf der Erde in der Zukunft, auf einem anderen Planeten, an Bord eines Raumschiffes oder einer Raumstation?

2. **Wo** und **wann** spielt die Handlung?

3. Wer sind die **Figuren**?

Das können Menschen, Außerirdische oder ungewöhnliche Figuren wie Roboter oder Computer sein.

a) Wie heißen die Figuren?

b) Wie sehen sie aus?

c) Was sind ihre Charakterzüge?

4. Welche **Erzählperspektive** verwendest du – erste oder dritte Person?

5. Denke über die **Ereignisse** nach. Überlege dir, wie die Hauptfiguren reagieren werden. Berücksichtige, dass Ausrüstung und Transportmittel auf wissenschaftlichen Möglichkeiten beruhen sollen.

a) Welche Ereignisse oder Probleme treten auf? Es sollten mindestens drei sein.

b) Was ist der Höhepunkt? Denke daran, dass es das aufregendste Ereignis sein sollte.

c) Wie sieht der Schluss aus?

6. Erstelle mithilfe eines Planungsbogens eine Gliederung.

a) Die **Einleitung** sollte die Hauptfigur vorstellen, die Welt, in der sie lebt, und das Problem, vor dem sie steht.

b) Der **Hauptteil** sollte die Ereignisse beschreiben und einen Spannungsbogen bis zum Höhepunkt aufbauen.

c) Plane den **Schluss**.

Reinschrift und Illustration

Nicht alle Schreibprojekte werden über den Schritt des Berichtigens hinausgehen. Die folgenden Schritte sind für die Geschichten gedacht, die in endgültiger Form veröffentlicht werden sollen.

Eine Reinschrift anfertigen

Die Schüler schreiben ihre überarbeiteten Geschichten ab, um ein gut leserliches Exemplar zu erhalten. Die Abschrift kann per Hand oder mit dem Computer erfolgen.

Mit der Hand schreiben

Stellen Sie ein breites Spektrum von Schreibmaterial wie Füller, Blei- und Buntstifte sowie verschiedene Papiersorten zur Verfügung. Kopieren Sie für die Schüler die Gestaltungsvorlagen auf den Seiten 68–71. (Die freien Flächen sind für Illustrationen bestimmt.) Die Vorlagen eröffnen verschiedene Möglichkeiten, die Geschichten interessant zu gestalten.
Geben Sie Ihren Schülern folgende Anweisungen:

1. Entscheide dich für eine der Mustervorlagen.
2. Befestige mit einer Büroklammer ein leeres Blatt darauf.
3. Schreibe deine Geschichte auf die Linien.
4. Fülle die freien Stellen mit Illustrationen.
5. Entferne anschließend die Büroklammer.

Mit dem Computer schreiben

1. Tippe deine Geschichte ab.
2. Überprüfe das Geschriebene.
3. Formatiere deinen Text.
   a) Wähle eine gut lesbare Schrift.
   b) Wähle eine Druckfarbe.
   c) Entscheide dich für eine Schriftgröße.
4. Gestalte die Abbildungen mit einem Malprogramm und füge sie in das Textdokument ein.
5. Drucke deine Geschichte aus.

Die Geschichte illustrieren

Manche Schüler möchten ihre Geschichten vielleicht mit ganzseitigen Bildern schmücken.
Halten Sie dafür verschiedene Papiere, Stifte und Farben bereit.

Teil VI

Aus Geschichten werden Bücher

Sonderseiten

Verwenden Sie die Vorlagen auf den Seiten 73 und 74, um die folgenden Seiten zu ergänzen. (Hinweis: Seite 74 in der Mitte durchschneiden und die Hälften „Über den Autor“ und „Widmung“ jeweils auf eine Extraseite kleben.)

Schmutztitel

Die Schüler geben den Titel, den Autor, den Illustrator, die Schule und die Klasse an. Wenn Ihre Klasse ihrer Schreibwerkstatt einen eigenen Namen gegeben hat, so kann dieser statt der Klasse angegeben werden.

Widmung

Die Schüler widmen ihre Geschichte einer bestimmten Person oder jemandem, der beim Schreiben der Geschichte besonders hilfreich war.

Über den Autor

Lassen Sie die Autoren sich selbst beschreiben, einschließlich ihrer Vorlieben, der Dinge, die sie nicht mögen, und ihrer speziellen Interessen. Die Schüler sollen erklären, warum sie das Thema für ihre Geschichte gewählt haben. Regen Sie an, dass die Schüler ein Selbstporträt malen oder ein Foto einkleben.

Seite 74

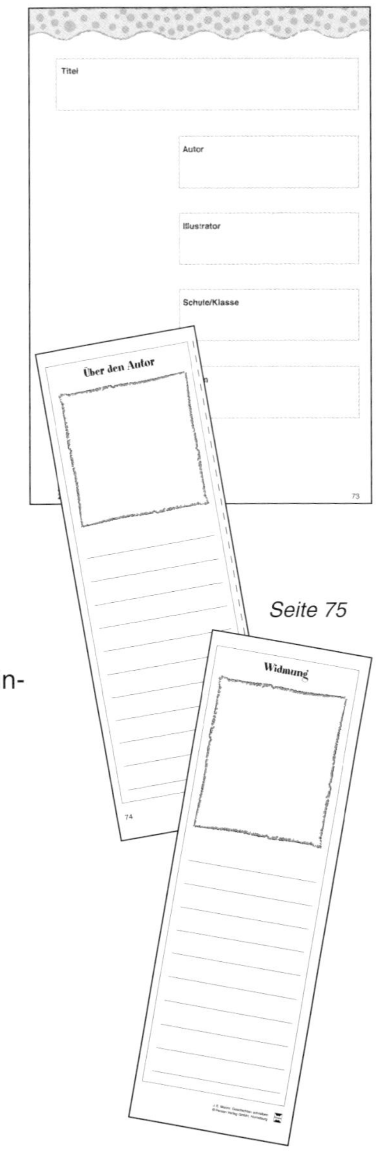

Seite 75

Titel

Autor

Illustrator

Schule/Klasse

Datum

Über den Autor

Widmung

Bücher binden

Die Schüler können die Seiten einfach zwischen zwei Blätter Tonpapier legen und zusammenheften. Wenn Sie und Ihre Schüler jedoch viel Zeit investiert haben, um eine Geschichte sorgfältig auszuarbeiten, möchten Sie die Geschichten möglicherweise mit einem besonderen Einband versehen.

Ein Buch zusammenstellen

Lassen Sie die Schüler die Seiten in der unten angegebenen Reihenfolge zusammenstellen.

Die Seiten aneinander befestigen

- Die Seiten können einfach zusammengeheftet werden, bevor sie einen Einband erhalten.
- Die Seiten können an einen Rücken aus Papier oder Heftgaze geklebt, dann zusammengeheftet und in einen Einband eingehängt werden.

Bucheinbände herstellen

Bucheinbände können aus einer Vielzahl verschiedener Materialien hergestellt werden.
Der Einband sollte immer 0,5 bis 1,25 cm größer sein als das Papierformat.

Pappuntersetzer	stabiler Karton	Karton
Tonpapier	Stoff	bedruckte Klebefolie
Tapete	Geschenkpapier	Zeitung
stabile Papiertüten	Tesafilm	Abdeckklebeband
Gewebeband	Heftgaze	Nadel und Faden
Schnürsenkel	Garn	Schnur

Schnelle und einfache Bucheinbände

- Hefte die Titelseite an die Geschichte.
  Decke die Heftklammern mit Klebeband ab.

- Loche die Titelseite und den Inhalt.
  Verbinde beides mit Metallringen.

- Loche die Titelseite und den Inhalt. Binde beides mit Schnürsenkeln, Garn oder kräftiger Schnur zusammen.

1. durch die äußeren Löcher

2. durch das innere Loch nach oben

3. eine Schleife binden

Klappdeckel

1. Schneide zwei Stücke stabilen Karton o. Ä. etwas größer als die Buchseiten zu.

2. Schneide für die Einbandvorderseite von dem einen Kartonstück links einen 1,25 cm breiten Streifen ab. Klebe den Streifen von innen mit Klebeband mit 2 mm Abstand wieder an das Kartonstück.

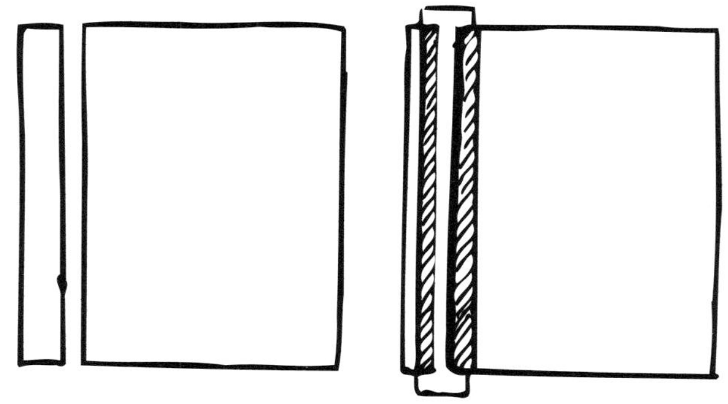

3. Tacker die Einbandteile und die Innenseiten zusammen (die linken Kanten müssen übereinanderliegen). Decke das Gelenk auf der Vorderseite und die Heftklammern mit einem 4 cm breiten Streifen Gewebeband oder Buchbinderleinen ab.

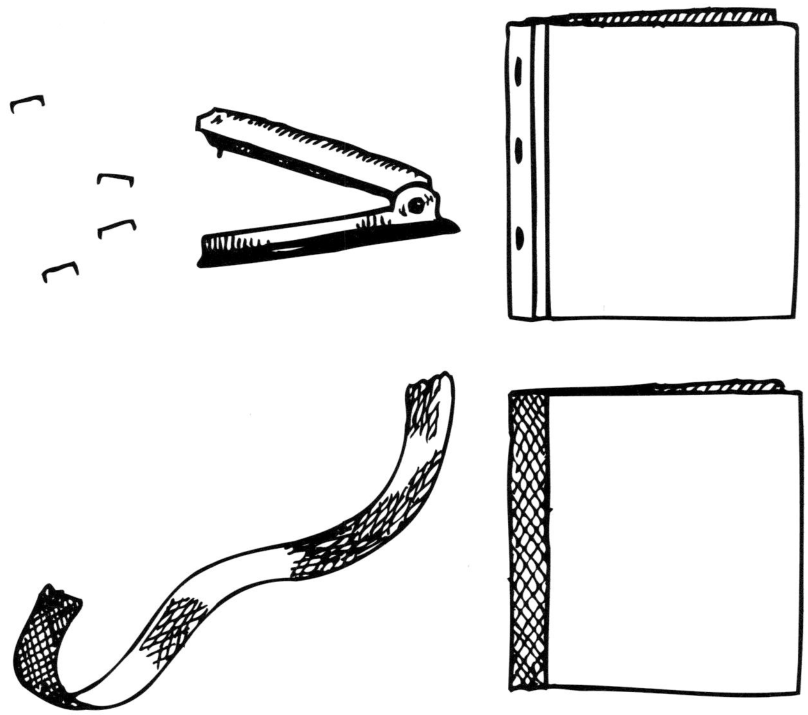

Buchdeckel mit Stoffüberzug

1. Schneide zwei Stücke Karton zu. Sie sollten etwas größer als die Buchseiten sein.

2. Lege den Karton auf ein Stück Stoff, das an allen Seiten 2,5–4 cm übersteht. Lass einen kleinen Abstand zwischen den Einbandteilen.

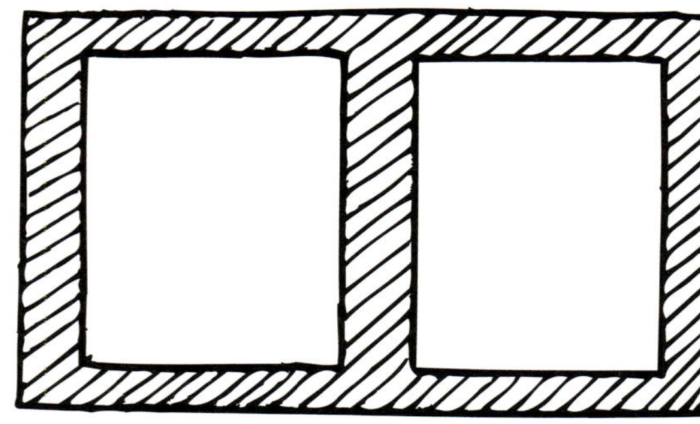

3. Schräge die Ecken des Stoffes ab.

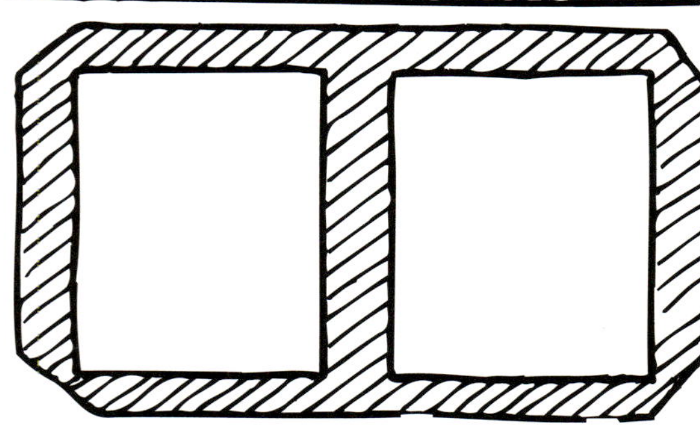

4. Verdünne Leim mit etwas Wasser und bestreiche den Stoff damit. Falte den Stoff über die Einbandteile.

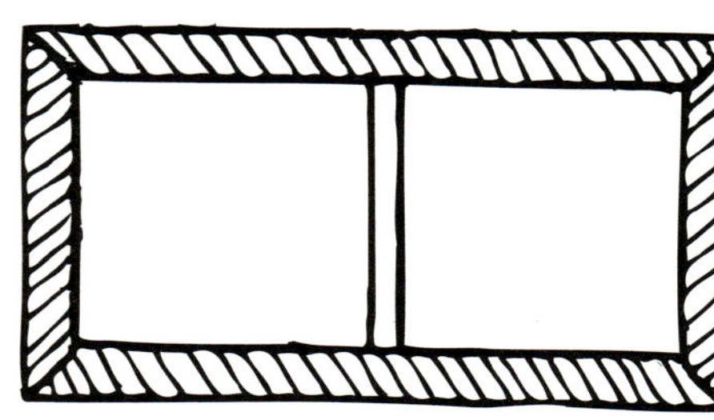

5. Die Innenseiten sollten fast auf die Länge des Einbandes geschnitten werden. Hefte – je nach Umfang der Geschichte – 4 oder 6 Blätter (etwa so breit wie der Einband) in der Mitte mit einer Stopfnadel und Faden oder mit der Nähmaschine zusammen. (Dabei benötigst du eventuell Hilfe von deinem Lehrer.)

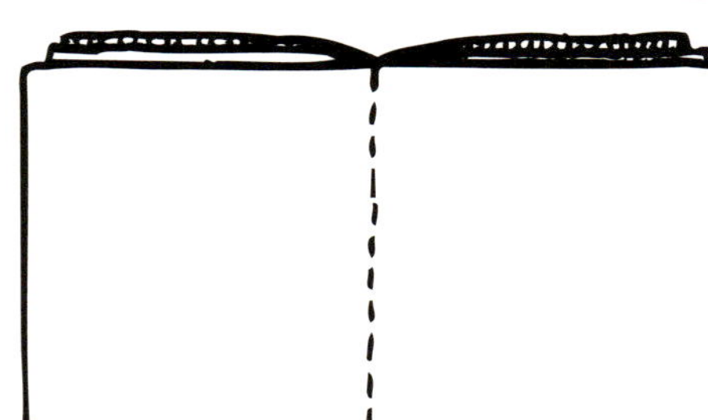

6. Die Geschichte kann auf verschiedene Weise eingefügt werden: (Lass die erste und die letzte Seite frei. Sie dienen als Vorsatzblätter und werden gebraucht, um Innenseiten und Buchdeckel miteinander zu verbinden.)

- Schreibe und zeichne direkt auf das Papier.
- Schneide eine auf ein anderes Papier geschriebene Geschichte aus und klebe die Teile auf die Seiten. Füge Illustrationen ein.

Klebe die Vorsatzblätter am Einband fest.

Schreib- und Buchwerkstatt

Richten Sie eine oder beide Werkstätten ein. In der Schreibwerkstatt finden sich Materialien und Erzählanfänge, um die Schüler zu selbstständigem Schreiben zu ermuntern. Die Buchwerkstatt stellt alles zur Verfügung, was man benötigt, um aus einer Geschichte ein Buch zu machen.

Eine Schreibwerkstatt aufbauen

Stellen Sie einige oder alle der folgenden Materialien bereit:

- einen Tisch oder einen anderen Arbeitsplatz vor einem schwarzen Brett
- einen Schrank oder ein Regal für Material
- einen Computer und einen Drucker
- Schreibpapier in verschiedenen Größen und Sorten
- Schreibwerkzeuge wie Bleistifte und Füller
- Arbeitshilfen für die Planungsphase (Seite 51–53)
- Erzählanfänge auf Kärtchen (Seite 81–87)
- Listen mit Figuren, Schauplätzen und Ereignissen (entwerfen Sie eigene oder verwenden Sie die auf Seite 88–91)
- Listen mit Hinweisen für unterschiedliche Geschichtenarten (Seite 92–97)

Seite 51–53

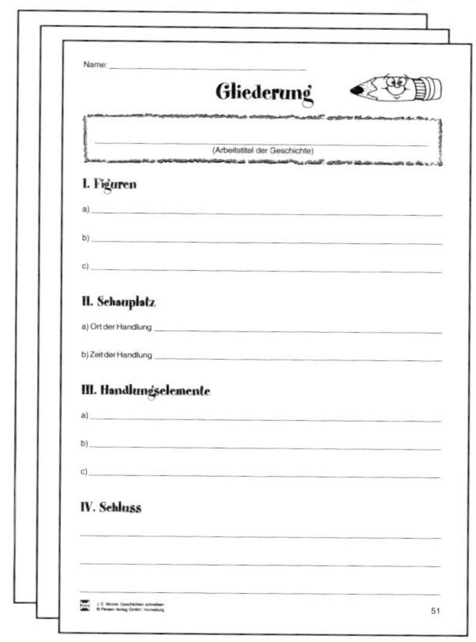
Name:

Gliederung

(Arbeitstitel der Geschichte)

I. Figuren
a)
b)
c)

II. Schauplatz
a) Ort der Handlung
b) Zeit der Handlung

III. Handlungselemente
a)
b)
c)

IV. Schluss

51

Seite 81–87

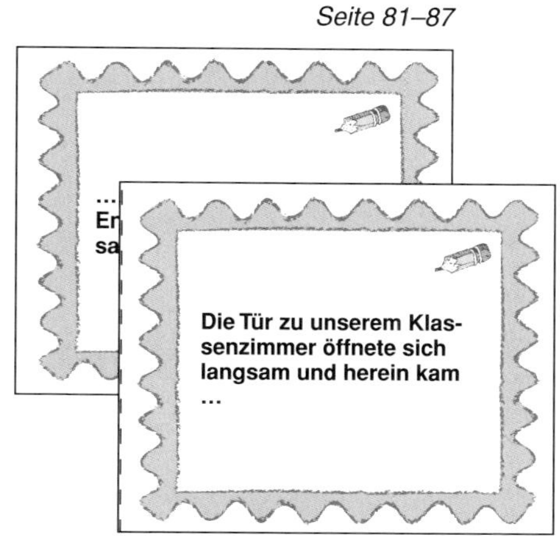

Seite 88–91

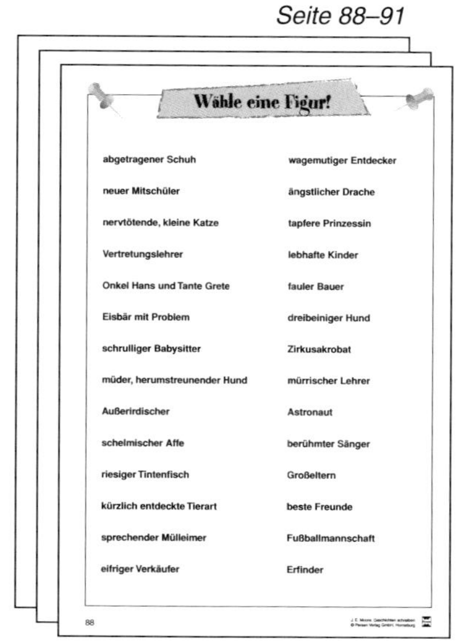
Wähle eine Figur!

abgetragener Schuh	wagemutiger Entdecker
neuer Mitschüler	ängstlicher Drache
nervtötende, kleine Katze	tapfere Prinzessin
Vertretungslehrer	lebhafte Kinder
Onkel Hans und Tante Grete	fauler Bauer
Eisbär mit Problem	dreibeiniger Hund
schrulliger Babysitter	Zirkusakrobat
müder, herumstreunender Hund	mürrischer Lehrer
Außerirdischer	Astronaut
schelmischer Affe	berühmter Sänger
riesiger Tintenfisch	Großeltern
kürzlich entdeckte Tierart	beste Freunde
sprechender Mülleimer	Fußballmannschaft
eifriger Verkäufer	Erfinder

88

Seite 92–97

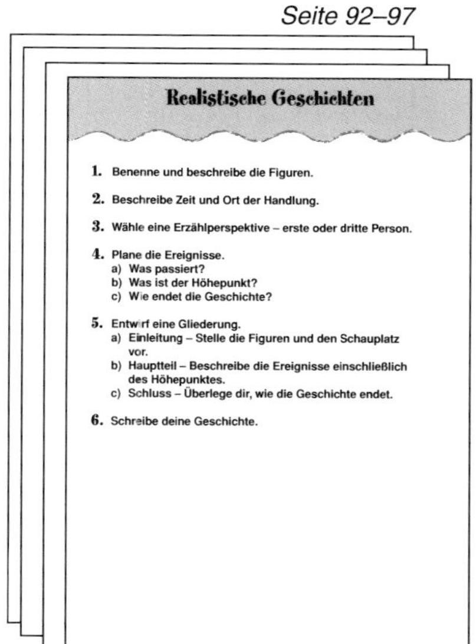
Realistische Geschichten

1. Benenne und beschreibe die Figuren.
2. Beschreibe Zeit und Ort der Handlung.
3. Wähle eine Erzählperspektive – erste oder dritte Person.
4. Plane die Ereignisse.
   a) Was passiert?
   b) Was ist der Höhepunkt?
   c) Wie endet die Geschichte?
5. Entwirf eine Gliederung.
   a) Einleitung – Stelle die Figuren und den Schauplatz vor.
   b) Hauptteil – Beschreibe die Ereignisse einschließlich des Höhepunktes.
   c) Schluss – Überlege dir, wie die Geschichte endet.
6. Schreibe deine Geschichte.

92

Teil VII

Eine Buchwerkstatt aufbauen

Stellen Sie einige oder alle der folgenden Materialien bereit:

- einen Tisch oder einen anderen Arbeitsplatz vor einem schwarzen Brett
- einen Schrank oder ein Regal für das Material
- Materialien, um Bücher zu illustrieren: Wachsmalkreiden, Buntstifte, Filzstifte, Farben, farbiges Papier, Leim, Schere
- Gestaltungsmuster als Anregung (Seiten 68–71)

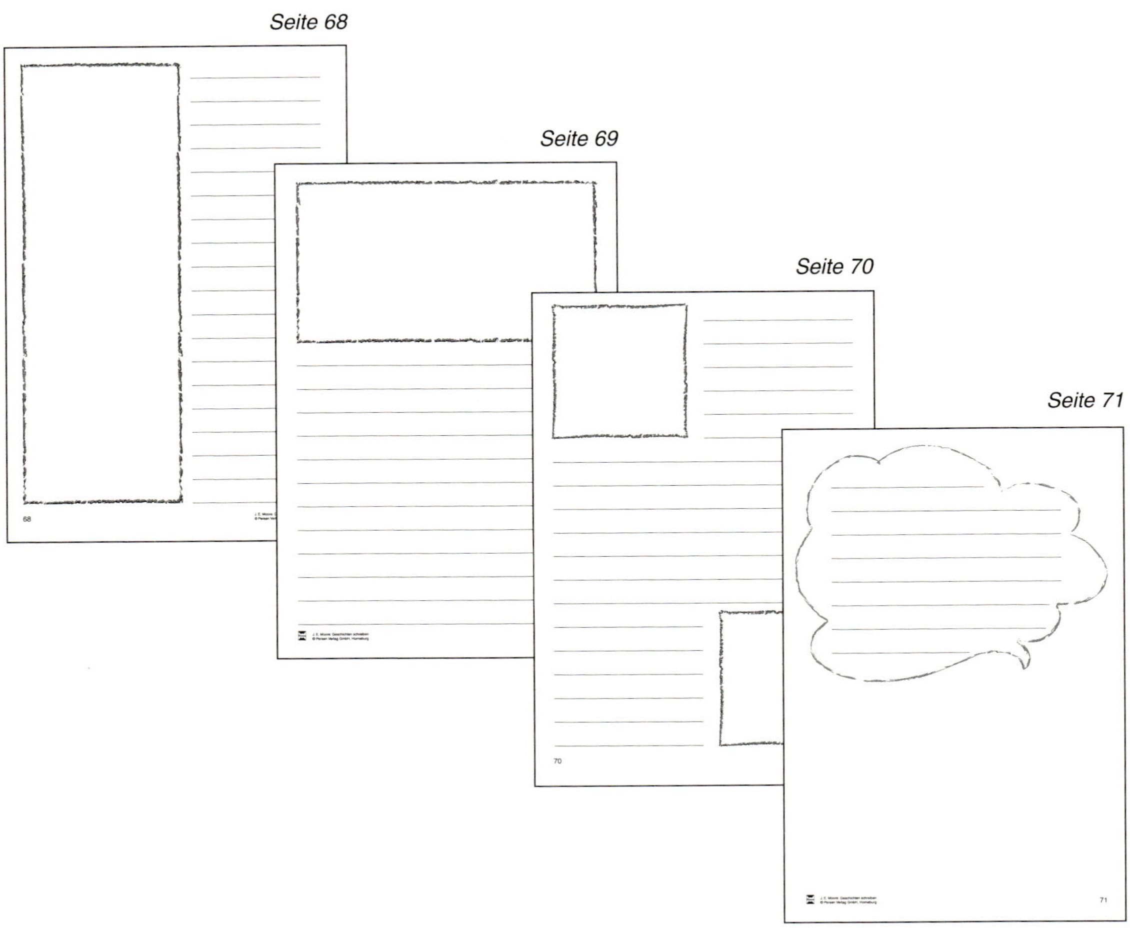

- Material für Bucheinbände

Pappuntersetzer	stabiler Karton	Karton
Tonpapier	Stoff	bedruckte Klebefolie
Tapete	Geschenkpapier	Zeitung
stabile Papiertüten	Tesafilm	Abdeckklebeband
Gewebeband	Heftgaze	Nadel und Faden
Schnürsenkel	Garn	Schnur

- Spiralheftmaschine

… entdeckte zu seinem Entsetzen, dass er langsam schrumpfte.

Die Tür zu unserem Klassenzimmer öffnete sich langsam und herein kam …

Eines schönen Herbstmorgens beschloss ich, in den Wald zu gehen. Ich konnte nicht ahnen, dass …

Ich wachte heute Morgen mit dem Gefühl auf, dass etwas Außergewöhnliches passieren würde.

Während eines schreckli-
chen Sturms zerschellte
unser Boot an einer unbe-
kannten Insel. Was werden
wir wohl finden, wenn wir
sie erkunden?

Christina war mit ihrem
Vater angeln. Als sie
Haken und Leine einholte,
sah sie …

Hexe war eine alte Hündin.
Sie war immer das einzige
Haustier in der Familie
gewesen. Aber nun hatte
ihr Besitzer zwei kleine
Kätzchen mitgebracht …

Jeremia suchte nach
seinem verschwundenen
Fußball. Stattdessen
fand er …

Peter brauchte Geld, um ein Geburtstagsgeschenk zu kaufen. Er musste sich überlegen, wie er Geld verdienen konnte. „Ich habe eine Idee!“, rief er.

Nach einem langen Winterschlaf erwachte der große Braunbär. Er streckte seinen Kopf aus der Höhle und sah …

Ein Reh versteckte ihr neugeborenes Kitz unter einem Busch, um Futter zu suchen. Während sie unterwegs war …

„Mein Fahrrad hat einen Platten. Was mache ich jetzt?“ – Lukas wusste nicht, dass bereits Hilfe nahte.

Annette schaute aus ihrem Zimmerfenster, um zu erkunden, was solchen Krach machte. Sie sah …

Schreibe eine Geschichte über das Abenteuer, das du erleben würdest, wenn du mit (Name einer Person einsetzen) tauschen würdest.

Mein bester Freund (Name) hüpfte aufgeregt auf und ab und rief: „Ich glaube, ich habe eine Zeitmaschine erfunden!”

Meine Geburtstagsfeier war nicht so, wie ich es erwartet hatte. Alles war sehr seltsam.

(Name) und (Name) erledigten die letzten Handgriffe an ihrem prächtigen Schneemann, als sie eine merkwürdige Stimme hörten.

Ein Raumschiff aus einer entfernten Galaxie ist gerade auf der Erde gelandet. Die Reisenden sind neugierig auf …

Schreibe eine Fantasiegeschichte über einen Drachen, einen furchtsamen Ritter und eine mutige Prinzessin.

Der Schneesturm tobte bereits seit einer Woche. Der Fernseher funktionierte nicht und ich war mein Spielzeug gründlich leid. Plötzlich hatte ich eine großartige Idee. Ich würde …

Schreibe eine Kriminalgeschichte, die deine Leser das Fürchten lehrt.

Als Angela bei den Fundsachen nach ihrer verschwundenen Brotdose suchte, entdeckte sie …

Schreibe eine Geschichte darüber, was passieren würde, wenn du eines Morgens aufwachen würdest und fliegen könntest.

Jannik hatte seiner Großmutter versprochen, beim Umgraben im Gemüsegarten zu helfen. Plötzlich stieß seine Schaufel unter der Erdoberfläche gegen etwas Hartes.

Es war ein ziemlich öder Sommer gewesen. Dann zog (Name) nebenan ein.

Lass dir von der verrückten Übernachtung bei (Name) am Wochenende erzählen.

(Name) war auf dem Weg zur Schule, als er Rauch roch …

Stell dir vor, du hast gerade eine Sonnenbrille gekauft. Als du sie aufsetzt, entdeckst du, dass du in die Zukunft schauen kannst …

Wähle eine Figur!

abgetragener Schuh	wagemutiger Entdecker
neuer Mitschüler	ängstlicher Drache
nervtötende, kleine Katze	tapfere Prinzessin
Vertretungslehrer	lebhafte Kinder
Onkel Hans und Tante Grete	fauler Bauer
Eisbär mit Problem	dreibeiniger Hund
schrulliger Babysitter	Zirkusakrobat
müder, herumstreunender Hund	mürrischer Lehrer
Außerirdischer	Astronaut
schelmischer Affe	berühmter Sänger
riesiger Tintenfisch	Großeltern
kürzlich entdeckte Tierart	beste Freunde
sprechender Mülleimer	Fußballmannschaft
eifriger Verkäufer	Erfinder

Wähle einen Ort der Handlung!

in meiner Tasche	im Zoo
auf einem entfernten Planeten	im Hof
im Regenwald	im Park
vor meiner Tür	auf einem Baum
in einem geheimen Versteck	in der Nähe der Schule
entlang eines Pfades	unter meinem Bett
auf einem Floß bei einer Parade	in der Innenstadt
auf dem Meeresboden	bei der Großmutter
am Strand	im Garten
durch dunkle Wälder	auf dem Mond
oben auf dem Dach	in einer Höhle
in Paris	nebenan
in einem Vergnügungspark	im Schwimmbad
in einer dunklen Garage	unter einem Haufen Dreck

Wähle einen Zeitpunkt der Handlung!

mittags
um Mitternacht
an meinem Geburtstag
letztes Jahr
vor der Schule
gerade eben
bevor du kamst
am Tag der Deutschen Einheit
gestern
heute Morgen
bald
2050
heute Abend
gegen 6 Uhr

in der vierten Klasse
während des Films
nach dem Fußballspiel
als ich ein Baby war
in einer stürmischen Nacht
während eines Wirbelsturms
während eines Schneesturms
vor einer Stunde
als das Flugzeug landete
vor langer, langer Zeit
einst
bei Sonnenaufgang
kürzlich
nach der Schule

Wähle ein Thema für die Handlung!

ein schrecklicher Unfall

ein gestohlenes Fahrrad

einen Wettbewerb gewinnen

was für ein Durcheinander

an einem Fluss zelten

im Wirbelsturm gefangen

ein verschwundenes Haustier

eine Sternschnuppe beobachten

auf einen wilden Bären stoßen

in den Zirkus gehen

neue Schuhe kaufen

(Name) treffen

in den Weltraum fliegen

in einer/m (nenne eine Ort) arbeiten

merkwürdige Fußabdrücke

in die Vergangenheit reisen

Pizza ist verboten

eine Katze von einem Baum retten

mit blauen Haaren aufwachen

auf einer Insel stranden

plötzlich unsichtbar sein

ein Kampf mit einem Freund

in einer neuen Schule

einen Beutel Geld finden

die Schule leiten

eine Schatzkarte finden

einen Planeten entdecken

von einem Adler weggetragen

Realistische Geschichten

1. Benenne und beschreibe die Figuren.

2. Beschreibe Zeit und Ort der Handlung.

3. Wähle eine Erzählperspektive – erste oder dritte Person.

4. Plane die Ereignisse.
   a) Was passiert?
   b) Was ist der Höhepunkt?
   c) Wie endet die Geschichte?

5. Entwirf eine Gliederung.
   a) Einleitung – Stelle die Figuren und den Schauplatz vor.
   b) Hauptteil – Beschreibe die Ereignisse einschließlich des Höhepunktes.
   c) Schluss – Überlege dir, wie die Geschichte endet.

6. Schreibe deine Geschichte.

Historische Geschichten

1. Benenne und beschreibe die Figuren.
   Handelt es sich um Personen aus der Geschichte oder um erfundene?

2. Beschreibe Zeit und Ort der Handlung.
   Beachte, dass der Ort der Handlung real sein muss.

3. Wähle eine Erzählperspektive – erste oder dritte Person.

4. Plane die Ereignisse.
   Sind sie historisch belegt oder erfunden?
   a) Was geschieht?
   b) Was ist der Höhepunkt?
   c) Wie endet die Geschichte?

5. Entwirf eine Gliederung.
   a) Einleitung – Stelle die Figuren und den Schauplatz vor.
   b) Hauptteil – Beschreibe die Ereignisse einschließlich des Höhepunktes.
   c) Schluss – Überlege dir, wie die Geschichte endet.

6. Schreibe deine Geschichte.

Kriminalgeschichten

1. Worum geht es – um ein Verbrechen, ein Rätsel oder ein Geheimnis?

2. Benenne und beschreibe die Figuren.
   In den meisten Kriminalgeschichten gibt es ein Opfer, einen Detektiv, einen Bösewicht und unschuldig Verdächtigte.

3. Beschreibe Zeit und Ort der Handlung.

4. Wähle eine Erzählperspektive – erste oder dritte Person.

5. Plane die Ereignisse.
   Vergiss nicht, Hinweise aufzunehmen, die zur Lösung beitragen. Vielleicht gibt es einen Verdächtigen, der sich als unschuldig erweist.
   a) Was geschieht?
   b) Was ist der Höhepunkt?
   c) Wie endet die Geschichte?

6. Entwirf eine Gliederung.
   a) Einleitung – Stelle die Figuren und den Schauplatz vor.
   b) Hauptteil – Beschreibe die Ereignisse einschließlich des Höhepunktes.
   c) Schluss – Überlege dir, wie die Geschichte endet.

7. Schreibe deine Geschichte.

Abenteuergeschichten

1. Um was für eine Art Abenteuer handelt es sich – einen vergrabenen Schatz, ein zu lüftendes Geheimnis, die Entdeckung eines neuen Landes?

2. Benenne und beschreibe die Figuren.

3. Beschreibe Zeit und Ort der Handlung.
   In einer Abenteuergeschichte wechselt der Schauplatz mehrfach.

4. Wähle eine Erzählperspektive – erste oder dritte Person.

5. Plane die Ereignisse.
   Es muss ein Hindernis geben, das zu überwinden ist.
   Die Ereignisse müssen schnell aufeinander folgen.
   a) Was geschieht?
   b) Was ist der Höhepunkt?
   c) Wie geht die Geschichte aus?

6. Entwirf eine Gliederung.
   Denke an die Hinweise, die zu dem Schatz, dem Geheimnis oder dem neuen Land führen.
   a) Einleitung – Stelle die Figuren und den Schauplatz vor.
   b) Hauptteil – Beschreibe die Ereignisse einschließlich des Höhepunktes.
   c) Schluss – Überlege dir, wie die Geschichte endet.

7. Schreibe deine Geschichte.

Fantasiegeschichten

1. Wo beginnt deine Geschichte – in der realen Welt oder in einer Fantasiewelt?

2. Benenne und beschreibe die Figuren.
   Einige sollten realistisch sein, andere Fantasiegestalten.
   Kommen in deiner Geschichte Tiere oder Gegenstände vor, die sich wie Menschen verhalten?

3. Beschreibe Zeit und Ort der Handlung.
   Der Schauplatz kann sich verändern, wenn die Figuren sich zwischen der realen Welt und der Fantasiewelt bewegen.

4. Wähle eine Erzählperspektive – erste oder dritte Person.

5. Plane die Ereignisse.
   a) Was geschieht?
   b) Was ist der Höhepunkt?
   c) Wie endet die Geschichte?

6. Entwirf eine Gliederung.
   a) Einleitung – Stelle die Figuren und den Schauplatz vor.
   b) Hauptteil – Beschreibe die Ereignisse einschließlich des Höhepunktes.
   c) Schluss – Überlege dir, wie die Geschichte endet.

7. Schreibe deine Geschichte.

Science-Fiction-Geschichten

1. Wo beginnt deine Geschichte?
Die Geschichte kann in der Zukunft auf der Erde spielen, auf einem anderen Planeten, an Bord eines Raumschiffes oder in einer Raumstation.

2. Benenne und beschreibe die Figuren.
Das können Menschen, Außerirdische oder Ungewöhnliches wie Roboter oder Computer sein.

3. Beschreibe Zeit und Ort der Handlung.

4. Wähle eine Erzählperspektive – erste oder dritte Person.

5. Plane die Ereignisse.
Denke daran, dass Ausrüstung und Transportmittel in deiner Geschichte eine naturwissenschaftliche Basis haben müssen.
a) Was geschieht?
b) Was ist der Höhepunkt?
c) Wie endet die Geschichte?

6. Entwirf eine Gliederung.
a) Einleitung – Stelle die Figuren und den Schauplatz vor.
b) Hauptteil – Beschreibe die Ereignisse einschließlich des Höhepunktes.
c) Schluss – Überlege dir, wie die Geschichte endet.

7. Schreibe deine Geschichte.